Gymnasium

# Deutschbuch

## Förderheft

# 5

Lesetraining
Texte schreiben
Rechtschreibung
Grammatik

Herausgegeben von
Cordula Grunow,
Bernd Schurf und
Andrea Wagener

Erarbeitet von
Agnes Fulde, Daniela A. Frickel,
Thomas Mayerhofer und
Frank Schneider

Name: _____

Klasse: _____

**Cornelsen**

# Inhaltsverzeichnis

Klebe neben jede **erledigte und mit dem Lösungsheft kontrollierte Aufgabe** einen -Aufkleber vom beiliegenden Blatt.

# Texte lesen und verstehen

Lesen macht Spaß – vor allem, wenn man das Gelesene gründlich versteht.

**1** Welche Tricks helfen dir beim Lesen? Schreibe sie in den folgenden Fragebogen:

## Welche Lesetricks wende ich an?   Fragebogen ?

1. Bevor ich den Text genau lese, mache ich Folgendes:

_____

_____

2. Beim ersten Lesen des Textes gehe ich so vor:

_____

_____

3. Wenn ich etwas nicht verstehe, gehe ich so vor:

_____

_____

4. Wenn ich in der Schule Fragen zu einem Text beantworten soll, gehe ich so vor:

_____

_____

5. Nachdem ich alles gelesen habe, mache ich Folgendes:

_____

_____

_____

Auf den Seiten 4 bis 11 findest du fünf Textknacker-Methoden.

Sie können dir helfen, neue Tricks beim Lesen von Texten zu finden.

Probiere alle fünf Textknacker aus.

Am Ende überlegst du dann, welche Textknacker dir am besten helfen.

## Nun kommt das Neue: die Textknacker-Methoden!

# Textknacker für Sachtexte

## Textknacker: Die Überschrift nutzen

**1** Nutze die Überschrift schon <u>vor dem Lesen</u>.

**a** Lies die Überschrift zum Text auf Seite 5. Notiere knapp: Worum geht es?

_____

**b** Was weißt du schon über das Thema des Textes? Notiere Stichworte.

_____

_____

**2** Oft geben Überschriften oder Abbildungen <u>erste Hinweise</u>, worum es im Text geht.
Setze dann die <u>Überschrift als Lupe für das Lesen des Textes</u> ein.

**a** Markiere die wichtigsten Wörter in der Überschrift und trage sie in die erste Zeile der folgenden Tabelle ein.

**b** Nutze diese wichtigsten Wörter aus der Überschrift nun als Lupe. Das geht so:
Überfliege den Text und suche Stellen, die zu einem der Wörter aus der Überschrift passen.
Lies diese Stellen genau und notiere in der Spalte unter dem passenden Wort kurz,
welche Informationen der Text gibt.

| Die zwei wichtigsten Wörter der Überschrift sind: | 1. _____ | 2. _____ |
|---|---|---|
| Stichworte zu den Stellen, die inhaltlich genau zur Überschrift passen: | _____ _____ _____ | _____ _____ _____ |

**3** Arbeite diese Checkliste zum Textknacker aus: Streiche Unpassendes und ergänze fehlende
Informationen. Wenn du unsicher bist, dann lies diese Seite noch einmal durch.

---

### Erster Textknacker: Überschrift nutzen · Checkliste ✔

Ich verstehe einen Text, indem ich …

– <mark>vor/nach</mark> dem Lesen die Überschrift nutze: Ich überlege, _____

– <mark>die Absätze/die Überschrift</mark> als Lupe einsetze: Ich markiere die wichtigsten Wörter in
der Überschrift und lege eine Tabelle an, die so viele Spalten hat, wie es markierte Wörter in
der Überschrift gibt.

Anschließend _____

Dieser Textknacker hilft mir, _eine erste Vorstellung_ _____ _zu bekommen_ .

---

Norbert Landa

# Lebensräume und Wanderungen der Wale

Es ist schon merkwürdig: Das größte Tier der Erde,
der Blauwal, ernährt sich von kleinsten Organismen,
von Plankton und von kleinen Krillkrebsen. Blauwale und andere Bartenwale müssen natürlich unge-
5 heure Mengen dieser Kleinstlebewesen zu sich nehmen, um ihren Hunger zu stillen. Und sie machen
das, indem sie Meerwasser in ihrem Maul durchfiltern, das Wasser dann wieder ausstoßen und schließlich den „Satz" – also die im Wasser treibenden win-
10 zigen Lebewesen – herunterschlucken.

Wale finden vorwiegend in den kalten Gewässern einen reich gedeckten Tisch vor. Der Grund ist: Kaltes
Wasser enthält mehr Sauerstoff als warmes Wasser.
Wir können das gut beobachten, wenn wir Wasser
15 im Topf erhitzen: Je heißer es wird, desto mehr Bläs-
chen steigen auf. Das ist Sauerstoff, der zuvor im
kalten Wasser gebunden war.

Ein Grauwal

Viel Sauerstoff bedeutet reiches Meeresleben: viele
Nährstoffe, viel Plankton, viele Fische. In den Gewäs-
20 sern rund um den Nordpol wimmelt es im Sommer-
halbjahr von Lebewesen. Dann scheint die Sonne
rund um die Uhr und Mikroalgen, die zum Wachstum viel Licht brauchen, wuchern förmlich. Kleine
Krebstiere (Krill) fressen die Algen und gedeihen zu
25 gigantischen Schwärmen von Milliarden Tieren.

Gegen die eisige Kälte des Nordpolarmeeres schützt
die Wale ihr „Speckmantel". Die Jungen vieler Walar-
ten müssen sich freilich diese Isolierschicht erst einmal anfuttern. Sie würden erfrieren, kämen sie bei
null Grad Wassertemperatur auf die Welt. Die meis- 30
ten Wale bringen ihre Jungen daher in warmen Ozeanen zur Welt und ziehen mit den Halbwüchsigen
zur Sommerszeit in die Nahrungsgründe der polaren Meere.

Besonders weite Reisen unternehmen die Grauwale. 35
Sie paaren sich im Winter im warmen Wasser vor
der kalifornischen Küste und ziehen im Frühjahr in
den hohen Norden. Den Sommer verbringen sie im
Beringmeer zwischen Alaska und Sibirien. Dort verdoppeln sie ihr Gewicht. Mit einer dicken Fettschicht 40
ausgestattet kehren sie im Herbst nach Kalifornien
zurück und bekommen dort ihre Jungen. Bei der
Wanderung im Frühling zieht der Nachwuchs schon
mit der Herde nach Norden. Dieser Wanderzug kann
10 000 Kilometer weit führen. 45

# Textknacker: Bilder zum Text ausdenken

> Beim Lesen eines Textes gehen dir sicher viele Bilder durch den Kopf. Diese Bilder helfen dir, einzelne Textstellen besser zu verstehen: Du kannst dir **den Inhalt vorstellen.**

**1** Lies den Text auf Seite 5 im Zusammenhang und achte darauf, welche Bilder dir dabei durch den Kopf gehen.

**2** <u>Beschreibe das Bild,</u> das dir beim Lesen des folgenden Textbeispiels durch den Kopf geht.
Textstelle: (Wale stillen ihren Hunger,) „indem sie Meerwasser in ihrem Maul durchfiltern". (Z. 7–8)

Das Bild in deinem Kopf: *Ich stelle mir vor, wie der Wal* _____

_____

_____

**3** Wähle selbst eine Stelle, bei der du dir etwas vorgestellt hast. Beschreibe das Bild in deinem Kopf dazu.

Textstelle: „_____ " (Z.   –   )

Das Bild in deinem Kopf: *Ich stelle mir vor,* _____

_____

_____

**4** <u>Zeichne das Bild,</u> das dir beim Lesen des folgenden Textbeispiels durch den Kopf geht.
Füge für den folgenden Textausschnitt eine eigene Zeichnung hinzu.

Dann scheint die Sonne rund um die Uhr und Mikroalgen, die zum Wachstum viel Licht brauchen, wuchern förmlich. Kleine Krebstiere (Krill) fressen die Algen und gedeihen zu gigantischen Schwärmen von Milliarden Tieren. (Z. 21–25)

Bild zum Text, Zeile 11–12

**5** Arbeite diese Checkliste zum Textknacker aus: Streiche Unpassendes und ergänze fehlende Informationen. Wenn du unsicher bist, dann lies diese Seite noch einmal durch.

## Zweiter Textknacker: Bilder zum Text ausdenken   Checkliste ✔

Ich verstehe einen Text, indem ich …

– wichtige Wörter/Bilder beschreibe, die beim Lesen in meinem Kopf entstehen.

– Bilder _____ , die beim Lesen in meinem Kopf entstehen.

Dieser Textknacker hilft mir, *einzelne Stellen des Textes* _____

# Textknacker: Mit schwierigen Wörtern umgehen – 3 Methoden

In vielen Texten gibt es Wörter, die man nicht sofort versteht. Nicht immer braucht man sie, um den Zusammenhang zu erfassen. Aber manchmal musst du ihre genaue **Bedeutung kennen**.

**1** Unterstreiche im Text auf Seite 5 drei Wörter, die du nicht verstanden hast.
Notiere dort ein Fragezeichen in der Randspalte und schreibe die Wörter hier auf:

Die für mich schwierigsten Wörter des Textes sind: 1. _____

2. _____     3. _____

**2** **Methode 1 – Ohne das Wort auskommen:**
Lies für jedes der bei Aufgabe 1 aufgeschriebenen Wörter den Absatz, in dem sie auftreten.
Versuche, den Inhalt des Absatzes zu verstehen, ohne das Wort zu verstehen. Wo hilft Methode 1? Notiere.

Methode 1 hilft bei den Wörtern _____ und hilft nicht bei _____ .

**3** **Methode 2 – Das Wort aus dem Text erschließen:**

Beispiel: Jemand versteht das Wort „Isolierschicht" (Z. 28) nicht. Eine Isolierschicht ist natürlich eine Schicht zum Isolieren. Aber was bedeutet „Isolieren"? Wir lesen den nächsten Satz: „Sie würden erfrieren, kämen sie bei null Grad Wassertemperatur auf die Welt." Aha, „Isolieren" heißt also offenbar hier: „vor der Kälte schützen".

**Wende Methode 2 auf die bei Aufgabe 1 aufgeschriebenen Wörter an. Wo hilft Methode 2? Notiere.**

Methode 2 hilft bei den Wörtern _____ und hilft nicht bei _____ .

i|so|lie|ren <franz.> (absondern; getrennt halten; abschließen, [ab]dichten, [ab]dämmen; durch entsprechendes Material schützen);

**4** **Methode 3 – Nachschlagen:**

Wenn Methode 1 und Methode 2 nicht helfen, schlage in einem Wörterbuch oder Lexikon nach.

**5** Arbeite diese Checkliste zum Textknacker aus: Ergänze fehlende Informationen.
Wenn du unsicher bist, dann lies diese Seite noch einmal durch.

## Dritter Textknacker:

**Checkliste**

## Mit schwierigen Wörtern umgehen – 3 Methoden

Ich nutze diesen Textknacker, indem ich Schritt für Schritt Methode 1 bis 3 anwende:

**Methode 1:** Ich versuche, *den Text zu verstehen, ohne das Wort verstanden zu haben.*

**Methode 2:** Wenn Methode 1 nicht hilft, versuche ich _____

**Methode 3:** Und wenn alles nicht hilft, dann muss ich _____

Dieser Textknacker hilft mir, *mit Wörtern klarzukommen, die* _____

# Textknacker: Fragen zum Text beantworten

Wenn du in der Schule einen Text liest, dann hast du oft ein klares Ziel vor Augen, zum Beispiel: **Fragen zum Text beantworten.**

## Zum Text gestellte Fragen beantworten

Du sollst nun folgende Frage zum Text auf Seite 5 beantworten:

→ Warum werden die jungen Wale nicht in den Gewässern rund um den Nordpol geboren?

**1** **Schritt 1 – Die wichtigsten Wörter der Frage erkennen:**

**a** Die Frage enthält drei wichtige Angaben.
Kreuze die Textbausteine an, die genau diese Angaben enthalten.

| ☐ Junge Wale | ☐ nicht jung geboren | ☐ in Gewässern um Nordpol |
|---|---|---|
| ☐ geboren | ☐ hungrig geboren | ☐ nicht in Gewässern um Nordpol |

**b** Unterstreiche in der Frage oben die wichtigsten Wörter.

**2** **Schritt 2 – Informationen zu den wichtigsten Wörtern im Text suchen und unterstreichen:**
Lies den Text auf Seite 5 erneut und unterstreiche mit Bleistift, was du zu den wichtigen Wörtern findest.

**3** **Schritt 3 – Frage(n) mit Hilfe der unterstrichenen Textstellen beantworten:**
Schreibe deine Antwort auf die folgende Frage auf.

→ Warum werden die jungen Wale nicht in den Gewässern rund um den Nordpol geboren?

_____

_____

**4** Wende den Textknacker „Fragen zum Text beantworten" an: Beantworte folgende Frage.

→ Warum finden Wale in der Nähe des kalten Nordpols mehr Futter?

Führe **Schritt 1** durch: Unterstreiche die wichtigsten Wörter.

Führe **Schritt 2** durch: Lies im Text nach.

Führe **Schritt 3** durch: Antworte mit Hilfe der Textstellen, die du in der Frage unterstrichen hast.

_____

_____

_____

## Eigene Fragen finden und beantworten

Du kannst Texte auch besser verstehen, indem du selbst **Fragen** stellst, **die der Text beantwortet.**

**5** Finde zu dem Text auf Seite 5 mindestens zwei Fragen und Antworten und trage sie in die Tabelle ein. Ein Beispiel ist schon aufgeführt:

| Fragen, die der Text beantwortet | Die Antwort des Textes |
|---|---|
| Wovon ernähren sich Blauwale? | _Blauwale ernähren sich von kleinen Organismen (z.B. Krill)._ |

| Meine Fragen, die der Text beantwortet (Tipp: Vielleicht helfen die W-Fragen ...) | Die Antwort des Textes |
|---|---|
| | |
| | |
| | |

**6** Arbeite diese Checkliste zum Textknacker aus: Streiche Unpassendes und ergänze fehlende Informationen. Wenn du unsicher bist, dann lies diese Seite noch einmal durch.

Spickzettel W-Fragen:
– Wer?
– Was geschieht?
– Warum?
– Wo?
– Wann?
– Wie lange?

---

### Vierter Textknacker: Fragen zum Text beantworten  Checkliste ✔

Ich nutze diesen Textknacker, indem ich ...

– zum Text gestellte Fragen beantworte.

  Dann gehe ich so vor:

  **Schritt 1:** _____

  **Schritt 2:** _____

  **Schritt 3:** _____

– oder indem ich eigene Fragen an den Text beantworte.

  Dann gehe ich so vor:

  1. Ich stelle Fragen, die im Text _____

  2. Ich formuliere eine Antwort/eine weitere Frage zu jeder Frage.

Dieser Textknacker hilft mir, _den Text sehr genau_ _____

 **Textknacker:**
**Den Text umformen**

Bringe den Text in eine andere, möglichst anschauliche Form. In einem **Schaubild** (zum Beispiel einer Tabelle, einer Mind-Map oder einem Diagramm) wird auf einen Blick sichtbar, was du schon verstanden hast.

**1** Vorarbeit – Notizen zu den Absätzen machen

Der Text auf Seite 5 besteht aus vier Absätzen.
Fülle hierzu die Tabelle aus. Trage Absatzüberschriften und wichtige Wörter ein.

|  | Wichtige Wörter des Absatzes | Eine Überschrift für den Absatz |
|---|---|---|
| 1. Absatz von Z. _1_ bis Z. _10_ | _Kleinstlebewesen, Wasser filtern_ | _Die Ernährung des Blauwals_ |
| 2. Absatz von Z. ___ bis Z. ___ | | |
| 3. Absatz von Z. ___ bis Z. ___ | | |
| 4. Absatz von Z. ___ bis Z. ___ | | |

**2** Einen Text in ein Schaubild umformen:

**a** Arbeite die Tabelle aus Aufgabe 1 in eine Mind-Map zum Text Seite 5 um. Arbeite im Heft.

_Ernährung des (Blau-)Wals_

_Wasser wird mit Maul gefiltert_

_große Mengen von Kleinstlebewesen (Krill)_

_Lebensräume und Wanderungen der Wale_

**b** Fasse den Text nun anhand deines Schaubildes in einem Vortrag zusammen.

**Fange z. B. so an:** _Das Thema des Textes ist ... Über die Ernährung des Blauwals erfahren wir ..._

**3** Arbeite diese Checkliste zum Textknacker aus: Streiche Unpassendes und ergänze fehlende Informationen. Wenn du unsicher bist, dann lies diese Seite noch einmal durch.

---

**Fünfter Textknacker: Den Text umformen**          **Checkliste** ✔

Ich nutze diesen Textknacker, indem ich ...
– zuerst eine Inhaltsangabe/eine Tabelle mit Absatzüberschriften und wichtigen Wörtern anlege und
– anschließend aus der Tabelle ein Schaubild erstelle.

Beispiel Mind-Map: In die Mitte schreibe ich _____ und an die Arme

schreibe ich zu jedem Absatz _____ .

Dieser Textknacker hilft mir, _zu zeigen,_ _____ .

---

220005414

Gymnasium

# Deutschbuch

## Förderheft

**Lösungen**

# 5

Name: _____

Klasse: _____

Cornelsen

# Texte lesen und verstehen

## Seite 3

### Welche Lesetricks wende ich an?

*Das könntest du geantwortet haben:*
1. **Bevor ich den Text genau lese, mache ich Folgendes:**
   Ich schaue mir die Überschrift an und überlege, wovon der Text handeln könnte und was ich bereits zu diesem Thema weiß.
2. **Beim ersten Lesen des Textes gehe ich so vor:**
   Zunächst überfliege ich den Text nur und mache mir so ein Bild, worum es in dem Text geht.
3. **Wenn ich etwas nicht verstehe, gehe ich so vor:**
   Unklare Begriffe im Text versuche ich zuerst anhand des Zusammenhangs zu verstehen. Wenn mir die Bedeutung weiterhin unklar ist, schlage ich die entsprechenden Wörter im Wörterbuch nach.
4. **Wenn ich in der Schule Fragen zu einem Text beantworten soll, gehe ich so vor:**
   Ich lese mir die Fragen vorher genau durch. Dann unterstreiche ich, während ich lese, die wichtigen Wörter im Text, die zur Beantwortung der Fragen nötig sind.
5. **Nachdem ich alles gelesen habe, mache ich Folgendes:**
   Ich überprüfe, ob ich den Text verstanden habe: Könnte ich jemandem den Textinhalt genau wiedergeben?

# Textknacker für Sachtexte

## Seite 4

### Textknacker: Die Überschrift nutzen

**1**
  a  Der Text handelt von den Lebensräumen und den Wanderungen der Wale.
  b  Das weißt du vielleicht schon von Walen: keine Fische, die größten Säugetiere der Welt, verschiedene Arten, manche Wale leben im Sommer und Winter an verschiedenen Orten

**2**

| Die zwei wichtigsten Wörter der Überschrift sind: | 1. Lebensräume | 2. Wanderungen |
|---|---|---|
| Stichworte zu den Stellen, die inhaltlich genau zur Überschrift passen: | Sommerzeit: kalte Gewässer, Gewässer rund um den Nordpol Beringmeer zwischen Alaska und Sibirien; Ansonsten: warme Ozeane, kalifornische Küste | Geburt und Aufzucht der Jungen in warmen Ozeanen, im Frühjahr dann Wanderung mit den Halbwüchsigen in den Norden. Im Herbst Rückkehr nach Kalifornien, Wanderzug bis zu 10 000 km |

**3**  Ich verstehe einen Text, indem ich ...
   – **vor/~~nach~~** dem Lesen die Überschrift nutze: Ich überlege, **wovon der Text handeln könnte.**
   – ~~die Absätze~~/die Überschrift als Lupe einsetze: Ich markiere die wichtigsten Wörter in der Überschrift und lege eine Tabelle an, die so viele Spalten hat, wie es markierte Wörter in der Überschrift gibt. Anschließend **suche ich im Text zu jedem Wort die passenden Stichworte.**
   Dieser Textknacker hilft mir, eine erste Vorstellung **vom Inhalt des Textes** zu bekommen.

## Seite 6

### Textknacker: Bilder zum Text ausdenken

**1**  *Du könntest dir beim Lesen folgende Bilder vorstellen:*
Ein Blauwal, der Unmengen winziger Krebse frisst.
Ein Topf mit Krebssuppe. Eine Walmutter mit ihrem Jungen.

Ich stelle mir vor, **wie der Wal sein großes Maul öffnet und mit Wasser füllt, es dann wieder schließt und das Wasser ausspuckt. Die winzigen Tierchen, die er dann noch im Maul hat, schluckt er herunter.**

**3**  *Mögliche Textstelle:* „Bei der Wanderung im Frühling zieht der Nachwuchs schon mit der Herde nach Norden." (Z. 42–44)
Ich stelle mir eine große Grauwalmutter vor, die mit ihrem kleinen Grauwaljungen an ihrer Seite schwimmt.

**4** Auf deiner Zeichnung könntest du zum Beispiel einen kleinen Krebs im Meer abbilden, der eine grüne Alge frisst. Über der Wasseroberfläche könnte eine strahlende Sonne gezeichnet sein. (Z. 21–25)

**5** Ich verstehe einen Text, indem ich ...
– ~~wichtige Wörter~~/Bilder beschreibe, die beim Lesen in meinem Kopf entstehen.
– Bilder **zeichne,** die beim Lesen in meinem Kopf entstehen.
Der Textknacker hilft mir, **einzelne Stellen des Textes besser zu verstehen.**

## Seite 7

### Textknacker: Mit schwierigen Wörtern umgehen – 3 Methoden

**1** *Mögliche schwierige Wörter:* 1. Plankton (Z. 3), 2. Bartenwale (Z. 4), 3. Mikroalgen (Z. 22)

**2** Methode 1 hilft bei den Wörtern: 1. Plankton, 2. Bartenwale (der Text kann auch ohne diese Begriffe verstanden werden) und hilft nicht bei 3. Mikroalgen (der Text wird unverständlich, wenn man das Wort Mikroalge weglässt).

**3** Methode 2 hilft bei den Wörtern: 1. Plankton (es muss sich um eine Art kleiner Lebewesen handeln, die von Walen gefressen werden), 2. Bartenwale (hier handelt es sich um den Oberbegriff für Wale, zu denen auch Blauwale gehören) und hilft nicht bei 3. Mikroalgen (anhand des Textes wird nicht genau ersichtlich, um was es sich bei Mikroalgen handelt).

**4** *Mögliche Lexikoneinträge für das Wort Mikroalge = Mikro/alge:*

> **Al | ge,** die ‹lat.› niedere blütenlose Wasserpflanze
> **mi | k | ro-** ‹griech.› klein, kleiner als normal

*Also:* Mikroalgen sind kleine Wasserpflanzen

**5** **Methode 2:** Wenn Methode 1 nicht hilft, versuche ich, **den Sinn des Wortes anhand des Textes zu erschließen.**
**Methode 3:** Und wenn alles nicht hilft, dann muss ich **unbekannte Wörter im Wörterbuch oder Lexikon nachschlagen.**
Dieser Textknacker hilft mir, mit Wörtern klarzukommen, die **ich nicht verstehe.**

## Seite 8

### Textknacker: Fragen zum Text beantworten

**1** a Diese Wörter solltest du angekreuzt haben: junge Wale, geboren, nicht in Gewässern um Nordpol
b Warum werden die jungen Wale nicht in den Gewässern rund um den Nordpol geboren?

**2** Sie würden erfrieren, kämen sie bei null Grad Wassertemperatur auf die Welt. (Z. 29–30)

**3** Wegen der niedrigen Wassertemperaturen am Nordpol würden die jungen Wale nach ihrer Geburt erfrieren, da ihnen der „Speckmantel" noch fehlt.

**4** **Schritt 1:** Warum finden Wale in der Nähe des kalten Nordpols mehr Futter?
**Schritt 2:** Kaltes Wasser enthält mehr Sauerstoff als warmes Wasser. (Z. 12–13) Viel Sauerstoff bedeutet reiches Meeresleben: viele Nährstoffe, viel Plankton, viele Fische. (Z. 18–19)
**Schritt 3:** Wale finden in der Nähe des kalten Nordpols mehr Futter, da das kalte Wasser mehr Sauerstoff enthält und somit auch mehr Meerestiere darin leben können.
*Oder:*
In der Nähe des Nordpols ist das Wasser kälter und somit reicher an Sauerstoff. Den Sauerstoff benötigen die Tiere, von denen sich Wale ernähren.

## Seite 9

| **5** *Mögliche eigene Fragen:* | *Die Antwort des Textes:* |
|---|---|
| **Was** brauchen Mikroalgen zum Wachsen? | Mikroalgen brauchen zum Wachsen viel Licht. (Z. 21–23) |
| **Welche** Walart legt im Jahr eine besonders weite Strecke zurück? | Grauwale machen innerhalb eines Jahres besonders weite Reisen. (Z. 35) |
| **Wie** schützen sich Wale vor der Kälte des Wassers? | Der dicke „Speckmantel" schützt vor der eisigen Kälte des Nordpolarmeeres. (Z. 26–27) |
| **Wo** verbringen Grauwale den Sommer? | Grauwale verbringen den Sommer im Beringmeer zwischen Alaska und Sibirien. (Z. 38–39) |

**6** Schritt 1: Ich erkenne die wichtigsten Wörter in der Frage.
Schritt 2: Zu den wichtigsten Wörtern suche ich passende Informationen im Text und unterstreiche Wichtiges.
Schritt 3: Mit Hilfe der unterstrichenen Textstellen beantworte ich die Frage.
    1. Ich suche Fragen, die im Text beantwortet werden.
    2. Ich formuliere **eine Antwort/~~eine weitere Frage~~** zu jeder Frage.
Dieser Textknacker hilft mir, den Text sehr genau **zu lesen und zu verstehen**.

## Seite 10

### Textknacker: Den Text umformen

**1**

| | Wichtige Wörter des Absatzes | Eine Überschrift für den Absatz |
|---|---|---|
| 1. Absatz von Z.1 bis Z.10 | Kleinstlebewesen, Wasser filtern | Die Ernährung des Blauwals |
| 2. Absatz von Z.11 bis Z.25 | kalte Gewässer, viel Sauerstoff, reiches Meeresleben | Viel Nahrung im kalten Wasser |
| 3. Absatz von Z.26 bis Z.34 | Isolierschicht, eisige Kälte, Geburt im warmen Ozean | Geburt der Waljungen |
| 4. Absatz von Z.35 bis Z.45 | weite Reisen, Grauwale, warmes Wasser, kalifornische Küste, Beringmeer: Fettschicht, Wanderzug | Wanderzüge der Grauwale |

**2** a

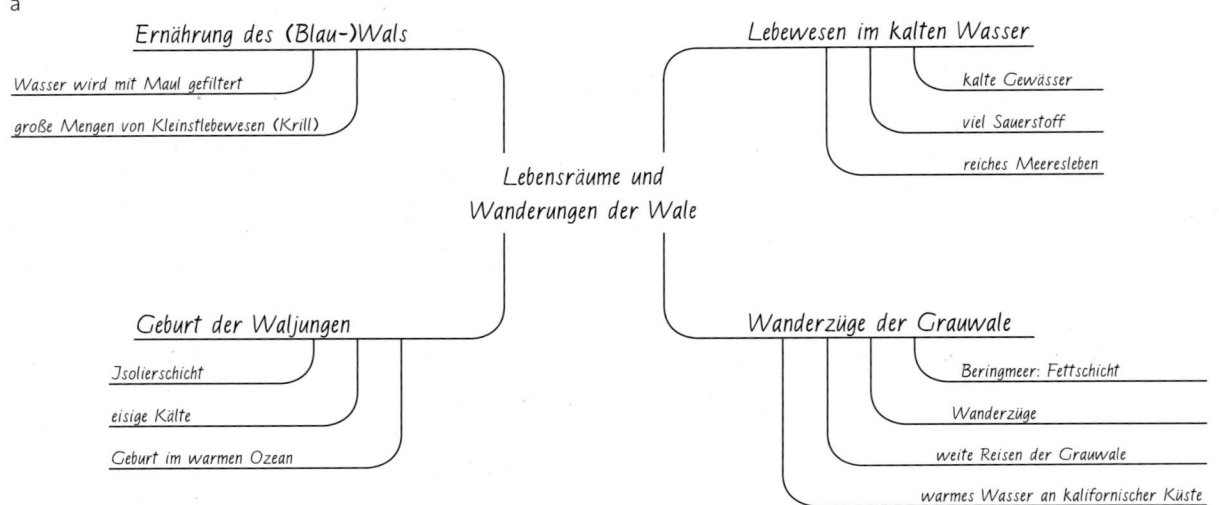

b *Möglicher Vortrag:*
Das Thema des Textes sind die Lebensräume und die Wanderungen von Walen. Über die Ernährung des Blauwals erfahren wir, dass er große Mengen an Kleinstlebewesen zu sich nimmt, indem er Wasser in seinem Mund filtert. Je kälter das Wasser ist, desto mehr Sauerstoff enthält es und desto reicher ist das Meeresleben darin. Der Text handelt zudem von der Geburt und der Aufzucht der Waljungen. Diese werden wegen des noch fehlenden „Speckmantels" nicht im kalten Nordpolarmeer geboren, sondern in den wärmeren Ozeanen.
Außerdem werden im Text Angaben zu den Wanderzügen der Grauwale gemacht. Sie unternehmen weite Reisen von der kalifornischen Küste bis ins Beringmeer zwischen Alaska und Sibirien und kehren für die Aufzucht der Jungen nach Kalifornien zurück.

**3** Ich nutze diesen Textknacker, indem ich …
– zuerst **~~eine Inhaltsangabe~~/eine Tabelle** mit Absatzüberschriften und wichtigen Wörtern anlege und
– anschließend aus der Tabelle ein Schaubild erstelle.
Beispiel Mind-Map: In die Mitte schreibe ich **die Überschrift** und an die Arme schreibe ich zu jedem Absatz **Stichworte**.
Dieser Textknacker hilft mir, zu zeigen, **was ich schon verstanden habe**.

## Seite 11

### Begleiter des Textes verstehen: Schaubilder, Fotos, Grafiken, Statistiken

**1** Besonders weite Reisen unternehmen die Grauwale. Sie paaren sich im Winter im warmen Wasser vor der kalifornischen Küste und ziehen im Frühjahr in den hohen Norden. Den Sommer verbringen sie im Beringmeer zwischen Alaska und Sibirien. Dort verdoppeln sie ihr Gewicht. Mit einer dicken Fettschicht kehren sie im Herbst nach Kalifornien zurück und bekommen Junge. Bei der Wanderung im Frühling zieht der Nachwuchs schon mit. Dieser Wanderzug kann 10 000 Kilometer weit führen.

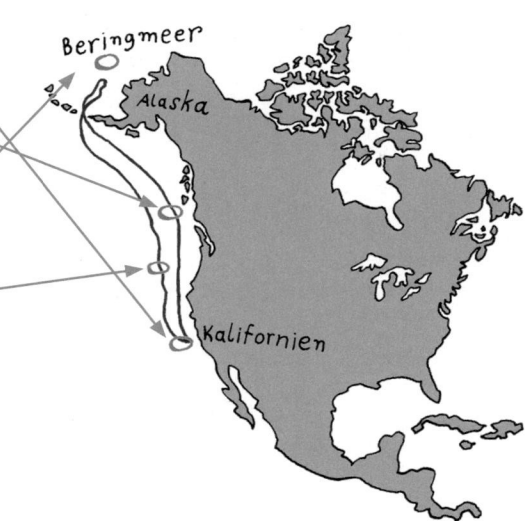

**2** A Im Frühjahr wandert der Grauwal von **der kalifornischen Küste/Kalifornien** in **den Norden/die polaren Meere.**
B Ihren Nachwuchs gebären die Grauwale meist in **Kalifornien.**
C Eine Speckschicht fressen sie sich an, wenn sie in **dem polaren Meer (Beringmeer)** sind.
D Es gibt auf der ganzen Welt **9 000** Blauwale.
E Der Zwergwal steht in der rechten Grafik ganz unten, weil **es davon am meisten gibt.**
(in der Tabelle stehen die seltenen Arten oben und die häufigen unten).

## Seite 12

### Textknacker anwenden

**1** a

| Textknacker in sinnvoller Reihenfolge | Funktioniert so: | Hilft mir, |
|---|---|---|
| ④ Die Überschrift nutzen | ⑩ 1. Was weiß ich schon über das Thema? <br> 2. Textstellen zur Überschrift suchen | ⑮ eine erste Vorstellung vom Text zu bekommen. |
| ① Bilder zum Text finden | ⑥ Bilder mit Worten oder in einer Zeichnung wiedergeben | ⑭ mir Stellen aus dem Text bildlich genau vorzustellen. |
| ③ Mit schwierigen Wörtern umgehen | ⑦ 1. versuchen, Text ohne das Wort zu verstehen <br> 2. Wort aus dem Zusammenhang erschließen <br> 3. nachschlagen | ⑬ mit Wörtern zurechtzukommen, die ich zunächst nicht verstehe. |
| ⑤ Fragen zum Text beantworten | ⑧ 1. die wichtigsten Wörter der Frage erkennen <br> Textstellen zu den wichtigsten Wörtern finden <br> Frage beantworten <br> 2. eigene Fragen stellen und beantworten | ⑪ den Text sehr genau zu verstehen. |
| ② Den Text umformen | ⑨ 1. wichtige Wörter und Überschriften zu Absätzen notieren <br> 2. Schaubilder/z. B. Tabelle zum Text erstellen | ⑫ das Verstandene auf einen Blick sichtbar zu machen. |

## Seite 13

### Textknacker: Selbstcheck

**2** a *Mögliche verwendete Textknacker:*
Ich wähle als ersten Textknacker „Die Überschrift nutzen".
Ich wähle als zweiten Textknacker „Mit schwierigen Wörtern umgehen".

**2** b

**Textknacker: „Die Überschrift nutzen"**
Die Überschrift verrät mir, dass der Text von Walen handeln wird, die Sonnenbrand haben.
Zu diesem Thema weißt du vielleicht, dass Wale zum Atmen an die Wasseroberfläche kommen müssen und dort
der Sonneneinstrahlung ausgesetzt sind. Aus eigener Erfahrung ist dir vielleicht bekannt, wie schnell man
einen Sonnenbrand bekommen kann, wenn man sich nicht vor den Sonnenstrahlen schützt.

Wichtigste Wörter aus der Überschrift: Wale, Sonnenbrand
Passende Textstellen zu den wichtigsten Wörtern:
– Wale [...] eine ganz ähnliche Haut (Z. 1–2),
– können Wale einen Sonnenbrand bekommen (Z. 2–3),
– Sonnenbrände und Brandblasen auf deren Haut gefunden (Z. 14–16)

**Textknacker: „Mit schwierigen Wörtern umgehen"**
Wörter, die du vielleicht nicht auf Anhieb verstehst:
Äquator (Z. 11), Ozonschicht (Z. 18), Hautkrebs (Z. 24)

Es fällt schwer, den Text ohne die Wörter **Äquator** und **Ozonschicht** zu verstehen.
– Anders ist es bei **Hautkrebs.** Der Satz ist auch ohne das Wort verständlich, allerdings nicht genau.
– Anhand des Textes kannst du dir nicht herleiten, um was es sich bei dem Wort **Äquator** handelt.
– Aber für **Ozonschicht** wird im Text eine Erklärung genannt: Diese durchsichtige Schicht schwebt hoch über der Erde
  und wirkt wie ein Sonnenschirm. (Z. 19–20)
– Ähnlich ist es für **Hautkrebs:** Dies scheint eine schlimme Krankheit der Haut zu sein („im schlimmsten Fall").

Um den Text richtig zu verstehen, ist es notwendig, dass du das Wort **Äquator** in einem Wörterbuch oder Lexikon
nachschlägst:

> **Äqua | tor,** der; -s ‹lat.›
> größter Breitenkreis auf der Erde,
> der die Erdkugel in die nördliche und
> südliche Halbkugel teilt

Hierbei waren die Textknacker hilfreich:
Mit dem Textknacker „Die Überschrift nutzen" wusstest du schon vor dem Lesen, wovon der Text handeln wird, und konntest
gezielt und aufmerksam lesen.
Dank der Anwendung des Textknackers „Mit schwierigen Wörtern umgehen" hast du den Text genau verstehen können.

# Textknacker auf einen erzählenden Text anwenden

## Seiten 14–15

**2** a *Zum Beispiel:* Zeilen Nr. 17–21; dort heißt es: Und dann die primitiven Lebensumstände: kein Fernsehen, keine Elektrizität,
keinen Kühlschrank (als ob sie den überhaupt bräuchten), abends Gesellschaftsspiele oder Karten spielen.
b Mögliche Gedanken/Bilder: Vielleicht stellst du dir ein Bild von einer Familie vor, die im Halbdunkel an einem Tisch
beisammensitzt. Auf dem Tisch brennen Kerzen. Die Eltern spielen mit ihren Kindern Karten.

**3** a **Handlungsabschnitt 1, Z. 1–12:** Tim, der Ich-Erzähler, liegt im Bett und denkt über die Heimat seines Großvaters nach.
**Handlungsabschnitt 2, Z. 12–23:** Tim erinnert sich an die Erzählungen über die Jugend seines Großvaters als Boxer und
an die einfachen Lebensumstände.
**Handlungsabschnitt 3, Z. 24–31:** Nun wird Tim bewusst, dass es kein Zufall ist, dass er selbst das Kartenspielen von seiner
Mutter gelernt hat. Und dass sie nur ein Jahr älter war als er, als ihre Mutter starb.
**Handlungsabschnitt 4, Z. 32–38:** Am Schluss überlegt Tim, dass er zwar sauer ist, seinen Großvater aber vielleicht
trotzdem begleiten möchte.
b

| Gegenwart | Tim liegt im Bett und denkt über die Heimat seines Großvaters nach. | Tim fallen die Worte seiner Mutter ein, wenn er und sein Vater TV sehen. | Tim kennt seine Großmutter nicht. | Tim überlegt, ob er seinen Großvater nicht doch begleiten möchte. |
|---|---|---|---|---|
| Vergangenheit | Er erinnert sich an die Erzählungen seiner Mutter über das Land. | Seine Mutter spielte als Kind selbst Karten und machte dies auch mit ihrem Sohn. | Tims Großmutter starb an der Grippe, als seine Mutter fünfzehn war. | |

**4** Der Textknacker „Bilder zum Text ausdenken" hilft mir, **Textstellen besser zu verstehen.**
Der Textknacker „Den Text umformen" hilft mir, **Inhalte zusammenzufassen und zu behalten.**

## Seite 17

**6** Aussage
A ist falsch,
B ist richtig.

**7** a **Schritt 1:** Was unternimmt Fred, um Tim Angst zu machen? Schreibe 3 Dinge auf.
 b **Schritt 2:** Z. 8: Fred fummelt an Instrumenten und Knöpfen.
  Z. 15–16: „Vielleicht solltest du besser einen Fallschirm umschnallen", sagt Fred jetzt.
  Z. 29–30: Der Motor gibt jetzt ganz den Geist auf und Fred fliegt in Schieflage.
 c **Schritt 3**

| Fred fummelt an Instrumenten und Knöpfen. | Fred fragt Tim nach einem Fallschirm. | Fred stellt den Motor ab und fliegt in Schieflage. |

**8** **Schritt 1:** Was erfährst du im Text auf Seite 16 über Tims Gefühle? Diese Informationen sind gut versteckt.
Gib mindestens zwei Textstellen an, die auf Tims Gefühle schließen lassen.
**Schritt 2:** Z. 9 Der Motor fängt an zu stottern. Ich werde bleich.
Z. 30–32 Ich glaube, ich muss kotzen. Grün und blau werde ich. Es ist ernst.
Z. 48 „Was meinst du?", frage ich, jetzt rot und violett.
**Schritt 3:** Tim hat Angst. Dies erkennt man zum Beispiel in Z. 9: Tim wird ganz bleich, als der Motor beginnt zu stottern. Diese Angst steigert sich noch (Z. 30–32) und es kommt Übelkeit dazu. Zum Schluss in Zeile 48 empfindet Tim Wut, weil Fred und sein Großvater ihn hereingelegt haben.

**9** **Schritt 1:** In der Aufgabenstellung unterstreiche ich die wichtigsten Wörter.
**Schritt 2:** Ich unterstreiche im Text alles, was zu den wichtigsten Wörtern passt.
**Schritt 3:** Anhand der unterstrichenen Textstellen beantworte ich die Frage.

# Texte schreiben

## Seiten 18–19

### Fragebogen: Was für ein Schreibtyp bin ich?

**1–2** Nun kennst du deinen Schreibtyp. Beachte deinen persönlichen Tipp (S. 19).

# Sachlich schreiben: Ein Tier beschreiben

## Seite 20

### Planen: Informationen sammeln und ordnen

**1** b *Wichtige Informationen:*
überall auf der Welt, viele unterschiedliche Farben und Arten, Körperbau sehr verschieden, Gewicht von acht Kilogramm, bzw. zwei bis drei Kilogramm, 20 bis maximal 40 Zentimeter Länge, Lebenserwartung zwischen sieben und zehn Jahren, geschlechtsreif ab der zehnten bis zwölften Woche, können häufig Junge bekommen, Tragzeit von etwa 30 Tagen, drei bis sechs Jungtiere, immer Futter zur Verfügung, frische Gräser, Kräuter, Blätter, Rinden, Zweige und Heu, Fertigfutter oft zu energiereich, zusätzlich Knabberfutter, niemals einzeln halten, großer Käfig, geben kaum Laute von sich, verständigen sich über Gerüche und lautes Klopfen mit den Hinterläufen, stupsen sich mit der Nase, lecken sich gegenseitig das Fell, regelmäßig das Fell untersuchen, Krallenpflege

## Seite 21

### Nach Oberbegriffen ordnen

**2** **Tiersteckbrief**

**Rasse:** Löwenkopfkaninchen

**Aussehen:**
- Größe/Gewicht (ungefähr): 20 bis 40 Zentimeter lang, zwei bis drei Kilogramm
- Farbe/Fell: langes Fell, weiß und braun
- Körperbau: gedrungen, kurze, hochstehende (oder aufgerichtete) Ohren

**Lebensweise/ Verhalten:** Gruppentiere, liebevoller Umgang mit Artgenossen

**Besondere Merkmale:** besonders lange Haare am Kopf

**Hinweise zur Haltung:** niemals ein Kaninchen allein halten; wenig Fertigfutter füttern, mit Knabber- und Frischfutter ergänzen; Fell und Krallen pflegen

**3** Vermutlich dürfen die Kinder kein Kaninchen kaufen, denn die Einzelhaltung ist nicht artgerecht. Es müssten also mindestens zwei Zwergkaninchen gekauft werden. Diese brauchen wiederum einen recht großen Stall und viel Auslauf.

## Seite 22

### Nach Oberbegriffen ordnen

**1** a

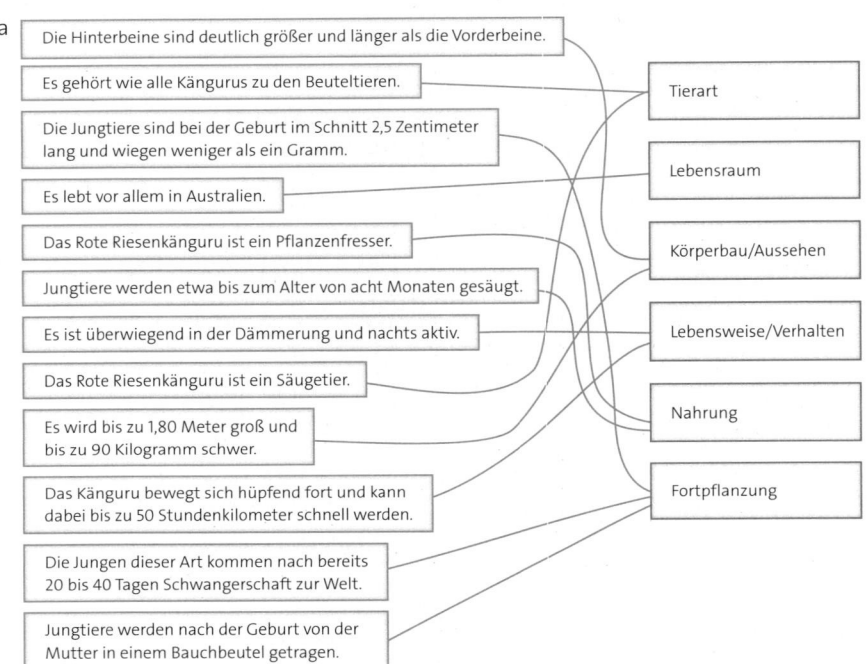

**2**

| Oberbegriffe | Information |
|---|---|
| Tierart | Säugetier, Beuteltier (wie alle Kängurus) |
| Lebensraum | vor allem Australien |
| Körperbau/Aussehen | bis zu 1,80 Meter groß, bis zu 90 Kilogramm schwer; Hinterbeine deutlich größer und länger als Vorderbeine |
| Lebensweise/Verhalten | überwiegend in der Dämmerung und nachts aktiv, bewegt sich hüpfend mit bis zu 50 Stundenkilometern fort |
| Nahrung | Pflanzenfresser, Jungtiere bis ca. acht Monate gesäugt |
| Fortpflanzung | Schwangerschaft: 20 bis 40 Tage;  Jungtiere bei Geburt ca. 2,5 Zentimeter lang und weniger als ein Gramm schwer. Nach der Geburt werden die Jungtiere von der Mutter in einem Bauchbeutel getragen. |

**2** b Das Rote Riesenkänguru ist ein Säugetier und gehört wie alle Kängurus zu den Beuteltieren. Es kommt vor allem in Australien vor. Bei 1,80 Meter Körpergröße wird es bis zu 90 Kilogramm schwer. Die Hinterbeine sind deutlich größer und länger als die Vorderbeine, was mit der Art der Fortbewegung zusammenhängt: Das Rote Riesenkänguru bewegt sich hüpfend fort und kann dabei Geschwindigkeiten bis zu 50 Stundenkilometer erreichen. Sie sind überwiegend in der Dämmerung und nachts aktiv und ernähren sich von pflanzlicher Nahrung. Jungtiere werden bis zum Alter von etwa acht Monaten gesäugt. Die Jungtiere kommen nach 20 bis 40 Tagen Tragzeit zur Welt und sind bei der Geburt nur ca. 2,5 Zentimeter lang und wiegen weniger als ein Gramm. Nach der Geburt werden die Jungtiere von der Mutter in einem Bauchbeutel getragen.

## Seite 23

### Schreiben: Eine Beschreibung sprachlich gestalten

**1** Sachlich sind die Aussagen A, C, und F. Unsachlich sind die Aussagen B, D und E.

**2** Genauer sind: 1A, 2B, 3B, 4A.

**3** *Beispiele:*
B Die kleineren Rassen erreichen im Durchschnitt ein Gewicht von zwei bis drei Kilogramm.
C Die Krallen der Kaninchen müssen regelmäßig gekürzt werden, falls sie sich nicht genügend abreiben.
D Kaninchen werden bereits nach zehn bis zwölf Wochen geschlechtsreif und bringen mit jeder Schwangerschaft, die nur 30 Tage dauert, drei bis sechs Junge zur Welt.

## Seite 24

### Überarbeiten: Die sinnvolle Reihenfolge prüfen

**2** a *Sachliche Informationen (in der Reihenfolge, in der sie im Text auftreten) sind:*
Farbmaus, Wechsel von Aktivität und Ruhe, Fähigkeit zu klettern und zu springen, Verwandtschaft mit den Hausmäusen, bunte Färbung, Heu und Wasser als Grundnahrung, Körperlänge bis zu 20 Zentimeter, davon 8–10 Zentimeter Schwanzlänge, Schwanz dient dazu, das Gleichgewicht beim Klettern und Balancieren zu halten, Gewicht zwischen 40 und 60 Gramm, weitere Nahrung auch Gemüse, Obst, Blätter, Blüten und Kräuter, Gruppentiere, werden selten über drei Jahre alt
b **Rasse:** Farbmaus
**Aussehen:**
– Größe/Gewicht (ungefähr): Gesamtlänge bis 20 Zentimeter, 40–60 Gramm Gewicht
– Farbe/Fell: bunte Färbung
– Körperbau: gedrungen, der Schwanz macht 8 bis 10 Zentimeter der Gesamtlänge aus
**Lebensweise/Verhalten:** Gruppentiere, Wechsel von Aktiv- und Ruhephasen, Klettern, Springen und Balancieren
**Besondere Merkmale:** können sehr zutraulich werden (Ferdi sitzt auf der Schulter), etwa 3 Jahre alt
**Hinweise zur Haltung:** Grundnahrung Heu und Wasser, zur Ergänzung Gemüse, Obst, Blätter, Blüten und Kräuter; bei guter Haltung bis zu drei Jahre alt

**2** c

Ich möchte mein Haustier „Ferdi" vorstellen. Ferdi ist eine Farbmaus. Farbmäuse sind Nagetiere und mit den Hausmäusen verwandt. Sie werden normalerweise 40 bis 60 Gramm schwer und bis zu 20 Zentimeter lang. Ferdis Fell ist braun-weiß gescheckt, andere Farbmäuse weisen ganz unterschiedliche Färbungen auf. Der Schwanz nimmt mit acht bis zehn Zentimeter knapp die Hälfte der Gesamtkörperlänge bei Farbmäusen ein. Die brauchen den Schwanz, um sich beim Klettern festzuklammern oder um beim Springen und Balancieren das Gleichgewicht zu halten. Über den Tag verteilt wechseln sich solche Aktivphasen mehrmals mit Ruhephasen ab. Dann kann man beobachten, wie die Farbmäuse sich dicht aneinandergedrängt ausruhen. Sie sind nämlich Gruppentiere. Wer Farbmäuse hält, sollte ihnen eine möglichst abwechslungsreiche und natürliche Ernährung bieten, das heißt vor allem Heu und frisches Wasser. Aber auch Gemüse, Obst, Blätter, Blüten und Kräuter sind für die Farbmäuse eine willkommene Abwechslung und helfen, sie gesund zu erhalten. So können sie bis zu drei Jahre alt werden.

# Erzählen: Nach Bildern erzählen

## Seite 25

### Planen: Ideen/Stoff sammeln

**1** a **Wo?** in einer Zoohandlung
**Wann?** an einem Nachmittag im Juli (16:30 Uhr)
**Wer?** der Zoohändler, ein Junge, ein Mädchen und eine Schlange

b

c **Bild 1:** Ein Junge und ein Mädchen (beide ca. 12 Jahre alt) betreten fröhlich eine Zoohandlung.
Der Zoohändler sucht angestrengt nach etwas.
**Bild 2:** Die beiden Kinder sehen sich Kaninchen an und streicheln sie. Hinter ihnen taucht eine Schlange auf.
**Bild 3:** Die Schlange ist jetzt vor ihnen. Der Junge sieht die Schlange und erschreckt sich sehr.
Das Mädchen hat keine Angst, sondern schaut die Schlange interessiert an.
**Bild 4:** Der Zoohändler hebt die Schlange vorsichtig auf; er freut sich.
Der Junge ist ganz blass vor Schreck, das Mädchen lacht.

## Seite 26

**3** *Mögliche Lösungsvorschläge, hier mit den Namen „Tim" und „Lena":*

**Bild 1:** Tim: „Endlich darf ich ein Kaninchen haben!"
Lena: „Das da ist besonders süß. Hoffentlich erlauben die Eltern es."
Zoohändler: „Na, wo ist sie denn?"
**Bild 2:** Tim: „Keine Angst, Lena, Kaninchen beißen nicht!"
**Bild 3:** Tim: „Hilfe!"
Lena: „Guck mal! Das wäre doch auch ein tolles Haustier, oder?"
**Bild 4:** Zoohändler: „Da bist du ja endlich, du Ausreißerin! Keine Angst, Kinder! Karla ist völlig ungefährlich.
Aber trotzdem kommst du jetzt zurück in deinen Käfig!"
Lena: „Hast du gehört, Tim? Du brauchst keine Angst zu haben. Die beißt nicht!"

## Seite 27

### Planen: Eine Lesefieber-Kurve anlegen

**1** **Bild 1:** Neugier wecken
**Bild 2:** Spannung erzeugen
**Bild 3:** Höhepunkt
**Bild 4:** Auflösung

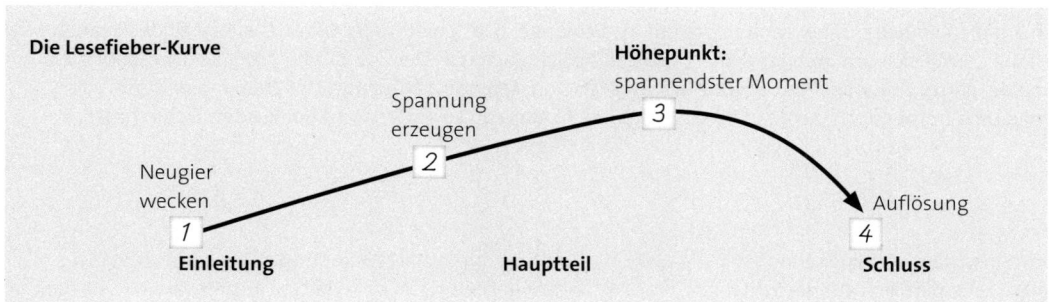

### Schreiben: Die Erzählung sprachlich gestalten – Wörtliche Rede

**1** „Ich hätte gern ein kleines Haustier", erklärte Tim.
„Vielleicht ein Kaninchen", überlegte Tim, „oder ein Meerschweinchen?"
„Wie wäre es mit diesem hier?", fragte Lena.
„Hilfe!", kreischte Tim plötzlich schrill.

## Seite 28

### Schreiben: Die Erzählung ausarbeiten und mit der Textlupe überarbeiten

**1** a + b
**Oles Einleitung** beantwortet nur die Frage nach dem „Wer?" – allerdings ohne Namen.
Sie wirkt z. B. durcheinander, verwirrend, langweilig
**Janas Einleitung** beantwortet die Fragen. Sie wirkt z. B. spannend, verständlich, geordnet.

**2** *Eine mögliche Einleitung:*
Es war Juli. Tim wollte Lena schon seit Tagen unbedingt zeigen, welches Kaninchen er sich ausgesucht hatte, und heute hatte sie endlich Zeit. Tim wartete schon ungeduldig vor der Zoohandlung. Kaum dass sie da war, zog er Lena hinter sich her zu den Kaninchen, vorbei am Zoohändler, der angestrengt nach etwas suchte. Aber das bemerkte Tim gar nicht.

## Seite 29

**3** a Spannender ist der Textauszug von Ole.
b Ich finde den Textauszug von Ole spannender, weil er Ausdrücke wie „plötzlich" oder „gerade als" verwendet.
Dadurch hat man das Gefühl, dabei zu sein, während etwas Überraschendes passiert.

**4** *Möglicher Hauptteil (Spannungsmelder):*

Tim schaute sich gebannt die Kaninchen an und erzählte Lena dabei alles Mögliche, was er über die Tiere wusste. Sie waren so sehr mit den Kaninchen beschäftigt, dass sie nicht bemerkten, wie auf einmal hinter ihnen eine Schlange auftauchte. „Beißen die eigentlich auch?", fragte Lena plötzlich. „Du brauchst keine Angst zu haben", erklärte Tim großspurig, „solange man sie gut behandelt, tun sie keinem was." Während die beiden redeten, kroch die Schlange langsam und lautlos auf sie zu.

**6** Eine Geschichte wird im **Präteritum** erzählt.

## Seite 30

### Schreiben: Spannend und anschaulich erzählen

**1** a Muss verbessert werden …
– mehr ausdrucksstarke, treffende Verben
– mehr anschauliche, genau beschreibende Adjektive
– Spannungsmelder
– Tempus: Präteritum

b Tim guckte noch auf die Kaninchen, aber Lena zeigte auf die Schlange. „Guck mal!", sagt Lena. „Das hier finde ich auch schön", sagt sie. Paul drehte sich um und rief „Hilfe!", weil da die Schlange war. Der Zoohändler freut sich. Er sucht die Schlange ja schon die ganze Zeit. Aber Paul ist total erschrocken und sieht ganz blass aus. Der Zoohändler nimmt die Schlange, während Lena immer noch lachte. „Ich wusste gar nicht, dass du so große Angst vor kleinen Tieren hast!", sagte sie.

c

Während Tim noch fasziniert die Kaninchen beobachtete, zeigte Lena plötzlich auf die Schlange. „Guck mal!", rief Lena begeistert. „Das wäre doch auch ein tolles Haustier, oder?" Tim drehte sich um und erstarrte in derselben Sekunde. Der Schreck fuhr ihm durch alle Glieder und ließ ihm das Blut in den Adern gefrieren. „Hilfe!", presste er mühsam hervor, den Blick starr vor Entsetzen auf die Schlange geheftet. In dem Moment kam zum Glück der Zoohändler und hob die entwischte Schlange vorsichtig hoch.

## Seite 31

**2** *Möglicher Schluss:*

„Da bist du ja, du Ausreißerin!", rief er erleichtert. „Keine Angst, Kinder! Karla ist völlig ungefährlich. Aber trotzdem kommst du jetzt zurück in deinen Käfig!", erklärte er vergnügt. „Gut, dass ihr sie gefunden habt", meinte er noch zu Lena, während er zum Terrarium ging, „eine frei laufende Schlange verschreckt mir ja noch die Kundschaft." Lena aber prustete los, weil Tim immer noch völlig verdutzt dem Zoohändler und der Schlange nachschaute. „Ich wusste gar nicht, dass du so große Angst vor kleinen Tieren hast!", lachte sie. So sprachlos hatte sie ihren Freund noch nie erlebt!

**5** *Möglicher Lösungsvorschlag:*

**Haustier für Abgebrühte**
Es war Juli. Am späten Nachmittag gingen Lena und Tim nach dem Sportunterricht heim. „Endlich darf ich ein Kaninchen haben! Komm, ich zeige dir, welches ich mir ausgesucht habe!", rief Tim und zog Lena hinter sich her in die Zoohandlung. Er hatte nur Augen für die Kaninchen, und so fiel ihm auch nicht weiter auf, dass der Zoohändler angestrengt nach etwas Ausschau hielt. Tim schaute sich gebannt die Kaninchen an und erzählte Lena dabei alles Mögliche, was er über die Tiere wusste. „Diese hier sind noch nicht ausgewachsen. In ein paar Monaten werden sie noch einige Zentimeter größer sein und zwischen zwei und drei Kilo wiegen", erklärte Tim fachmännisch. Die beiden Kinder waren so sehr mit den Kaninchen beschäftigt, dass sie nicht bemerkten, wie hinter ihnen auf einmal eine Schlange auftauchte. Sie war braun gefleckt und züngelte unaufhörlich. „Beißen die eigentlich auch?", fragte Lena zwischendurch. „Du brauchst keine Angst zu haben", erklärte Tim großspurig, „solange man sie gut behandelt, tun sie keinem was." Während die beiden redeten, kroch die Schlange langsam und lautlos auf sie zu.

Während Tim noch fasziniert die Kaninchen beobachtete, zeigte Lena plötzlich auf die Schlange. „Guck mal!", rief Lena begeistert. „Das wäre doch auch ein tolles Haustier, oder?" Tim drehte sich um und erstarrte in derselben Sekunde. Der Schreck fuhr ihm durch alle Glieder und ließ ihm das Blut in den Adern gefrieren. „Hilfe!", presste er mühsam hervor, den Blick starr vor Entsetzen auf die Schlange geheftet. In dem Moment kam zum Glück der Zoohändler und hob die Schlange vorsichtig hoch.
„Da bist du ja, du Ausreißerin!", rief er erleichtert. „Keine Angst, Kinder! Karla ist völlig ungefährlich. Aber trotzdem kommst du jetzt zurück in deinen Käfig!", erklärte er vergnügt. „Gut, dass ihr sie gefunden habt", meinte er noch zu Lena, während er zum Terrarium ging, „eine frei laufende Schlange verschreckt mir ja noch die Kundschaft." Lena aber prustete los, weil Tim immer noch völlig verdutzt dem Zoohändler und der Schlange nachschaute. „Ich wusste gar nicht, dass du so große Angst vor kleinen Tieren hast!", lachte sie. So sprachlos hatte sie ihren Freund noch nie erlebt!

## Seite 32

### Zusatzangebot: Erzählen nach Bildern

**1** *Lösungsvorschlag:*

**Der Silvesterspuk**

Linus verbrachte jene Silversternacht zum ersten Mal nicht mit seinen Eltern zu Hause. „Ich bin doch kein kleines Kind mehr!", hatte er genörgelt. Und so durfte er zusammen mit fünf Freunden den Jahreswechsel in einer Jugendherberge auf einer alten Burg erleben. Von außen sah sie ganz schön schaurig aus. Am Abend hatte es begonnen, dicke Flocken zu schneien, und nun war alles weiß. Drinnen im Schlafsaal war es wohlig warm. Die Kinder hatten es sich in ihren Stockbetten gemütlich gemacht und schliefen eins nach dem anderen ein. Als die große Standuhr Mitternacht schlug, erschrak Merle ein bisschen. Linus kicherte. „Haha, sehr witzig!", zischte sie und fragte dann in ängstlichem Tonfall: „Was es wohl mit der Ankündigung ‚Heute Überraschung: Silvesterspuk' auf sich hat?". Bei dieser Frage lachte Linus laut auf. Um Merle zu ärgern, begann er eine Gruselgeschichte mit Geistern, die heulend und kettenrasselnd durch ein Schloss spuken, zu erzählen. Gerade als er zum Höhepunkt kommen wollte, wurde er gestört. „Tobi, lass den Quatsch! Ich möchte meine Geschichte erzählen", sagte Linus genervt, als eine dunkle Gestalt den Schlafsaal mit einem lauten Türenquietschen betrat. „Aber ich bin doch hier", entgegnete Tobi verschlafen aus seinem Bett.

„Wenn du da liegst, wer ist dann das da?", stammelte Linus mit Schrecken in der Stimme. Er wurde kreidebleich. „Dann schau doch nach, wenn du dich traust", spottete Merle, „über mich hast du eben noch gelacht!" Linus wollte aufstehen und nachsehen. Doch da stand die dunkle Gestalt auch schon an seinem Bett. Linus sah das blasse Gesicht und die langen spitzen Eckzähne. Ein Vampir! Mit einem lauten Schrei, sprang Linus aus dem Bett, kreidebleich. Er rannte davon. Der Vampir direkt hinter ihm. Geweckt durch den Schrei waren nun auch die anderen Kinder wach. Sie folgten den Rufen ihres Freundes: „Hilfe, Hilfe! Helft mir doch!" Aber was sollten sie tun? Merle kam eine Idee. Sie stieg leise aus ihrem Bett und schlich zur Standuhr. Vorsichtig drehte sie an den schweren Zeigern. Ein Klackern im Uhrwerk war zu hören. Dann der Schlag: ein Uhr. Mitten in der Verfolgungsjagd blieb der Vampir stehen. Linus war gerade aus dem Schlafsaal verschwunden und versteckte sich hinter der Tür. Der Vampir machte kehrt und verschwand in der Dunkelheit des Flurs. Erst als es ruhig wurde, steckte Linus den Kopf durch den Türspalt. „Ist er weg?", stotterte er, immer noch leichenblass. „Ja!", strahlte Merle und alle Kinder lachten laut. „Das war dann wohl der Silvesterspuk", seufzte Linus und wurde rot bis über beide Ohren.

# Strategie 1: Schwingen

## Seite 34

### Keine Angst vor langen Wörtern

**2** Wan der rat ten na sen      E le fan ten rüs sel knor pel

Ka ker la ken ten ta keln      Ze bra spin nen bei ne

**3** b   Sau er kirsch mar me la de      Ap ri ko sen ku chen stü cke

Was ser me lo nen sup pe      Pam pel mu sen strei fen

Scho ko la den ku chen

## Seite 35

### Wörter werden aus Silben gebildet

**2** a + b
*rot = unterlegt, grün = unterstrichen*
die Buche, die Hecke, die Butter, die Blume, die Pflanzen, die Sorten, die Blüten, die Formen, der Salat, die Gärten, die Tomaten, der Samen, die Kartoffel, die Knollen, die Ananas, die Früchte, die Rosen, die Dornen, die Tulpen, die Zwiebeln
c   Die Vokale sind a, e, i, o, u, ü, ä, ö.
d   Die Konsonanten sind b, c, d, f, g, h, j, k, l, m, n, p, q, r, s, t, v, w, x, y, z.

**3** die Tomaten, die Kartoffel, die Ananas

**4** *Mögliche Lösungen:*
**Vier Silben:** die Buchenhecke, die Butterblume, die Pflanzensorten, die Blütenformen,
　　　die Salatpflanzen, die Rosendornen, die Tulpenzwiebeln
**Fünf Silben:** die Tomatensamen, die Kartoffelknollen, die Ananasfrüchte
**Sechs Silben:** die Butterblumenpflanzen, die Salatpflanzensorten, die Tulpenzwiebelsorten

**5** *rot = unterlegt*

Sumpf stor chen schna bel　　Kar pa ten gloc ken blu me　　Zi tro nen me lis se　　Gra nat ap fel baum

# Strategie 2: Verlängern

## Seite 36

### Einsilber verlängern

**1** a　die We ge　　　der Bo gen　　　die Do se

der Weg　　　　der Wald　　　das Rad

der Stab　　　das Bad　　　das Lob　　　der Trog

b　Die (unklaren) Problemstellen befinden sich **am Wortende.**
c　b spricht man wie **p**, g spricht man wie **k**, d spricht man wie **t**.

**2** a　der Schwamm　　der Bann　　das Fell　　schlapp

der Hall　　　der Kamm　　der Mann　　hell　　　der Stopp

b　Die Problemstellen befinden sich **am Wortende.**

**3** a + b
der Weg – die We ge, der Wald – die Wäl der, das Rad – die Rä der, der Stab – die Stä be, das Bad – die Bä der,

das Lob – lo ben, der Trog – die Trö ge

der Schwamm – die Schwäm me, der Bann – ban nen, das Fell – die Fel le, schlapp – schlap per,

der Hall – hal len, der Kamm – die Käm me, der Mann – die Män ner, hell – hel ler, der Stopp – stop pen

## Seite 37

### Zweisilber mit unklarem Wortende

**1** b　der Antrag – die An trä ge, der Bussard – die Bus sar de, – der Anschub – die An schü be, an schie ben

der Anzug – die An zü ge, der Abend – die A ben de, das Eigelb – die Ei gel be

c　Die (unklaren) Problemstellen befinden sich **am Wortende.**

**2** b　der Anpfiff – die An pfif fe, der Gewinn – die Ge win ne

das Programm – die Pro gram me, der Abfall – die Ab fäl le

der Anfall – die An fäl le, der Kristall – die Kris tal le

c　Die (unklaren) Problemstellen befinden **am Wortende.**

**3 + 4** *Verlängert werden:*

der Stamm – die Stäm me, das Fell – die Fel le, das Feld – die Fel der

der Mann – die Män ner, der Ball – die Bäl le, der Rand – die Rän der, der Anfall – die An fäl le

der Abzug – die Ab zü ge, der Bezug – die Be zü ge, das Pferd – die Pfer de

# Strategie 3: Zerlegen

## Seite 38

### Zusammengesetzte Wörter

**1** a + b

| Kasten 1 | Kasten 2 |
|---|---|
| das Band, der Strand, der Wald der Stopp, das Bett, die Hand | – |

c  **X**  Kasten 1

**2** a

| Kasten 1 |
|---|
| das Band      der Strand      der Wald |
| der Stopp      das Bett      die Hand |

| Kasten 2 |
|---|
| die Wür mer      die Kör be      die Schu he |
| die Brän de      die Schil der      das La ken |

Die Wörter mit unklaren Stellen befinden sich in **Kasten 1.**

b  Es sind alles Einsilber, und zum Schwingen braucht man zwei Silben.
   Oder: Am Wortende kann man Buchstaben verwechseln, und doppelte Konsonanten kann man nicht sicher hören.

**3** *Mögliche Wortzusammensetzungen:*
der Strand + die Körbe = die Strandkörbe – *denn* die Strände
der Wald + die Brände = die Waldbrände – *denn* die Wälder
der Stopp + die Schilder = die Stoppschilder – *denn* stop pen

der Sand + der Kasten = der Sandkasten – *denn* sandig
das Bett + das Laken = das Bettlaken – *denn* die Bet ten

die Hand + die Schuhe = die Handschuhe – *denn* die Hände
der Schub + die Karre = die Schubkarre – *denn* schieben

**4** der Berg | wander | weg – die Berge *und* die Wege

der Nord | wind – der Norden *und* die Winde

das Schlamm | bad – die Schlämme *und* die Bäder,

das Klapp | rad – klappen *und* die Räder

### Seite 39

**Wörter mit Wortbausteinen**

**1** a die Sammlung – *denn* sammeln, die Herrschaft – *denn* Herren, der Händler – *denn* handeln,

die Packung – *denn* packen, das Wäldchen – *denn* Wälder, das Bändchen – *denn* Bänder,

das Wagnis – *denn* wagen, die Dummheit – *denn* der Dumme

b Diese Wortbausteine (Endungen) kennzeichnen Nomen: ung, schaft, ler, chen, heit, nis.

**2** a freundlich – *denn* Freunde, essbar – *denn* essen,  lieblich – *denn* lieben,

erkennbar – *denn* kennen  feindlich – *denn* Feinde

dümmlich – *denn* der Dumme oder dümmer  endlich – *denn* Ende, schaffbar – *denn* schaffen,

trennbar – *denn* trennen, stündlich – *denn* Stunde  glaubhaft – *denn* glauben, nützlich – *denn* nutzen

b Diese Wortbausteine (Endungen) kennzeichnen Adjektive: lich, bar (ig, isch, haft, sam – hier ohne Beispielwörter).

# Strategie 4: Ableiten

### Seite 40

**ä und äu**

**1** a lecker, die Welle, die Decke  der Bäcker, die Wälle, die Dächer

b Die Vokale **e** und **ä** kann man leicht verwechseln.

**2** Beweiswörter: backen, der Wall, das Dach

**3** a die Beute, die Meute, heute  die Bräute, läuten, die Häute

b Die Doppelvokale **eu** und **äu** kann man leicht verwechseln.
Man schreibt äu, wenn man ein verwandtes Wort mit **au** findet.

c die Bräute – die Braut, läuten – laut, die Häute – die Haut

**4** Die nächtlichen Träume wecken mich regelmäßig und lassen mich täglich müde und schläfrig sein.
Das geht mir unsäglich auf den Wecker.

# Alle Strategien anwenden: Ein Diktakt vorbereiten

## Seite 41

**1** a  Wer von euch ist klug und fleißig?

Dreiunddreißig Rätsel weiß ich.

Spitzt das Ohr und spitzt die Feder,

Und nun schreib sich auf ein jeder:

Welche Uhr hat keine Räder,

Welcher Schuh ist nicht von Leder,

Welcher Stock hat keine Zwinge,

Welche Schere keine Klinge?

Welches Fass hat keinen Reif,

Welches Pferd hat keinen Schweif,

Welches Häuschen hat kein Dach,

Welche Mühle keinen Bach?

Welcher Hahn hat keinen Kamm,

Welcher Fluss hat keinen Damm,

Welcher Bock hat keine Haut,

Welches Glöckchen keinen Laut?

Welcher Kamm ist nicht von Bein,

Welche Wand ist nicht von Stein,

Welche Kuh hat gar kein Horn,

Welche Rose keinen Dorn?

Welcher Busch hat keinen Zweig,

Welcher König hat kein Reich,

Welcher Mann hat kein Gehör,

Welcher Schütze kein Gewehr?

Welcher Schlüssel sperrt kein Schloss,

Welchen Karren zieht kein Ross,

Welches Futter frisst kein Gaul,

Welche Katze hat kein Maul?

Welcher Bauer pflügt kein Feld,

Welcher Spieler verliert kein Geld,

Welcher Knecht hat keinen Lohn,

Welcher Baum hat keine Kron'?

Welcher Fuß hat keine Zeh',

Welcher Streich tut keinem weh',

Welcher Wurf und Stoß und Schlag?

Rat nun, wer da kann und mag!

**1** b klug – klüger, fleißig – fleißiger, spitzt – spitzen, schreib – schreiben, Schuh – Schuhe, Stock – Stöcke,

Fass – Fässer, Pferd – Pferde, Kamm – Kämme, Fluss – Flüsse, Damm – Dämme, Bock – Böcke, Kamm – Kämme,

Wand – Wände, Kuh – Kühe, Zweig – Zweige, König – Könige, Mann – Männer, sperrt – sperren,

Schloss – Schlösser, zieht – ziehen, Ross – Rösser, frisst – fressen, pflügt – pflügen, Feld – Felder,

Geld – Gelder, Fuß – Füße, Zeh – Zehen, weh – wehe, Stoß – Stöße, Schlag – Schläge, kann – können,

mag – mögen, Rätsel – raten, Räder – Rad, Häuschen – Haus, (Häuschen – die Häuser,) Glöckchen – die Glocke

**2** *Merkwörter mit h sind:* Ohr, Uhr, Mühle, Hahn, Gewehr, Lohn.

*Lösung der Rätsel:*

Uhr ohne Räder: Eieruhr, Digitaluhr, Sonnenuhr

Schuh ohne Leder: Frauenschuh (Pflanze)

Stock ohne Zwinge: Spazierstock, Bienenstock

Schere ohne Klinge: Beinschere beim Schersprung, Krebsschere

Fass ohne Reif: Kunststofffässer,

Pferd ohne Schweif: Seepferdchen, Steckenpferd

Häuschen ohne Dach: Schneckenhaus

Mühle ohne Bach: Kaffeemühle, Windmühle, Pfeffermühle, Mühlespiel

Hahn ohne Kamm: Wasserhahn

Fluss ohne Damm: Gedankenfluss, Blutfluss

Bock ohne Haut: Sportgerät

Glöckchen ohne Laut: Schneeglöckchen, Maiglöckchen, Glockenblume

Kamm nicht von Bein: Hahnenkamm, Bergkamm

Wand nicht aus Stein: Kletterwand als Sportgerät

Kuh ohne Horn: Seekuh

Rose ohne Dorn: Seerose, Windrose

Busch ohne Zweig: Federbusch, Wilhelm Busch ...

König ohne Reich: Zaunkönig (kleiner Vogel)

Mann ohne Gehör: der Taube

Schütze ohne Gewehr: Sternzeichen

Schlüssel, der kein Schloss sperrt: Schlüsselblume, Notenschlüssel

Karren, den kein Ross zieht: Karrenweg, Eselskarren, Ochsenkarren

Futter, das kein Gaul frisst: Futter in Kleidungsstücken

Katze ohne Maul: Laufkatze, Leuchten am Fahrrad

Bauer, der kein Feld pflügt: Spielfigur beim Schach

Spieler, der kein Geld verliert: Puppenspieler

Knecht ohne Lohn: Stiefelknecht

Baum ohne Krone: Maibaum, Schlagbaum

Fuß ohne Zeh: Fuß von Pilzen

Streich, der keinem wehtut: Bogenstreich, Streichwurst

Wurf, der keinem wehtut: Maulwurf

Stoß, der keinem wehtut: Stoßband (umgeschlagene Säume, z. B. unten an der Hose, werden „Stoß" genannt und bei hochwertiger Kleidung mit einem Stoßband auf der Innenseite ausgestattet)

Schlag, der keinem wehtut: Schlagsahne

# Doppelte Konsonanten

## Seite 42

### Auf die erste Silbe kommt es an

**1** *a + b*
*rot = unterlegt, grün = unterstrichen*

die Hü te – die Hüt te, die Ro se – die Ros se, be ten – die Bet ten, die Ra te – die Rat te

die Ma sern – die Mas se, lesen – las sen, der Rogen – der Rog gen, die Ro be – die Rob be

die Wa le – die Wel le, tre ten – die Trit te, kamen – kom men, die Lu ke – die Lüc ke

c   Wenn die erste (betonte) Silbe **offen** ist, wird der Konsonant nicht verdoppelt.
Man verdoppelt nur, wenn die erste (betonte) Silbe **geschlossen** ist.

**2**   **b oder bb?**   der Ho**b**el, die Kra**bb**e, der Ne**b**el, die E**bb**e, die Ro**b**e oder Ro**bb**e
**g oder gg?**   der Na**g**el, die Fla**gg**e, die We**g**e, die E**gg**e, die Sa**g**e
**m oder mm?**   die Hu**mm**el, der Hi**mm**el, der Kü**mm**el, der Krü**m**el, die A**mm**e
**k oder ck?**   die La**k**en, die La**ck**e, die Ja**ck**e, der Za**ck**en, die Ze**ck**e (Achtung: kk = ck)

**3**

| Die erste Silbe ist offen, einfacher Konsonant | Die erste Silbe ist geschlossen, doppelter Konsonant |
|---|---|
| schreiben, meinen, fragen, die Wale, malen, bleiben | summen, brummen, bellen, dummer, kommen, kämmen, spannen, schwimmen, kennen, die Bälle, die Wälle, die Fette, heller, dünner, greller, glatter |

## Seite 43

### Wörter mit Wortbausteinen

**1**   a + b

die Wol le      der Som mer            die Wol ke      die Stür me

der Pum mel      wim meln      die Wel le            die Pum pe      die Pul te      die Wel ten

die Kel le      sam meln      die Kof fer            der Kel te      sam ten      klop fen

**1**   c   Richtig sind die Aussagen **B** und **D**, falsch sind **A** und **C**.

**2**   Wenn die erste Silbe **geschlossen** ist, stehen an der Silbengrenze immer zwei Konsonanten.
Das sind entweder zwei **verschiedene** oder zwei **gleiche** Konsonanten.

**3**

| Kasten 1 | Kasten 2 |
|---|---|
| brummen, summen, nennen, kennen | schenken, denken, tropfen, klopfen |

# Wann schreibt man ie?

## Seite 44

### Auf die erste Silbe kommt es an

**1**   a +b
*rot = unterlegt, grün = unterstrichen*

| Wörter mit i | Wörter mit ie |
|---|---|
| die **Kin** der      die **Rin** der      **kit** zeln | die **Die** be      die **Sie** be      **wie** gen |

**1** c Wenn die erste Silbe geschlossen ist, schreibt man **i**.
Wenn die erste Silbe offen ist, schreibt man **ie**.

**2** finden, der Ri**e**gel, der Spi**e**gel,
die Sp**i**tze, die S**i**lbe, die Zw**ie**bel

**3** tief *denn* tie fer    das Schild *denn* die Schil der

der Dieb *denn* die Die be    das Bild *denn* die Bil der

er fliegt *denn* flie gen    er siegt *denn* sie gen

**4** die Spiel | zeugmaus – spie len    die Fließ | geschwindigkeit – flie ßen

das Ziel | fernrohr – zie len    der Brief | kopf – die Brie fe

# Wann schreibt man ß?

## Seite 45

### Auf die erste Silbe kommt es an

**1**

| Wörter mit s | | | | Wörter mit ß | | | |
|---|---|---|---|---|---|---|---|
| rei sen | die Mei se | die Mäu se | die Ha sen | drau ßen | au ßen | die Ma ße | hei ßer |
| die Wei se | lei se | tau send | der Ra sen | rei ßen | die Stra ße | grü ßen | flei ßig |

**2** Richtig sind die Aussagen A, D und F,
falsch sind B, C und E.

**3** er heißt – heißen    der Spaß – die Späße
er reißt – reißen    er beißt – beißen
der Fleiß – fleißig    er gießt – gießen
das Gas – die Gase    das Gras – die Gräser
er weist – weisen    der Fuß – die Füße
der Gruß – die Grüße    er reist – reisen

# Nomen erkennen und großschreiben

## Seite 46

**1** *Nomen sind:*
der Wind, die Wellen, der Regen, der Nebel, der Sturm, das Gewitter, der Blitz, der Donner, der Einschlag, der Sommer

**2** *Mögliche Wortgruppen:* der warme Wind, die heftigen Wellen, der warme Regen, der graue Nebel, der laute Sturm,
das heftige Gewitter, der helle Blitz, der laute Donner, der heftige Einschlag,

**3** *Beispiele:* manche Winde, viel Regen, etwas Nebel, ein Sturm, zwei Gewitter, drei Blitze, ein Donner,
zwei Einschläge, einige Sommer

## Seite 47

**5**

| T | O | M | A | T | E | N | B | I | R | N | E |  |
|---|---|---|---|---|---|---|---|---|---|---|---|---|
|   | K | A | R | T | O | F | F | E | L | N |   |   |
|   | A | N | A | N | A | S | K | I | W | I |   |   |
|   |   |   | B | A | N | A | N | E |   |   |   |   |
| A | P | F | E | L | S | I | N | E |   |   |   |   |
| B | L | U | M | E | N | K | O | H | L |   |   |   |
| P | F | I | R | S | I | C | H |   |   |   |   |   |
|   |   |   |   |   | P | F | L | A | U | M | E |   |
| S | A | L | A | T | M | E | L | O | N | E |   |   |
|   |   |   |   | A | P | F | E | L |   |   |   |   |
|   |   |   |   | M | Ö | H | R | E | N |   |   |   |
| G | U | R | K | E |   |   |   |   |   |   |   |   |

Tomaten, Birne, Kartoffeln, Ananas, Kiwi, Banane, Apfelsine, Blumenkohl, Pfirsich, Pflaume, Salat, Melone, Apfel, Möhren, Gurke

**6** **w**etterbericht für die **n**ordseeküste

Am **m**ontag gibt es **w**olken und **s**onne im **w**echsel. Nur vereinzelt bilden sich **s**chauer. Der **w**ind weht aus **r**ichtungen. Am **a**bend kommt es zu **g**ewittern mit **r**egengüssen und **h**agelschauern. Insgesamt passen die **t**emperaturen nicht zum **s**ommer, es ist eindeutig zu kalt für diese **j**ahreszeit. Man sollte **g**ummistiefel statt **s**andalen einpacken.

**7** a *Lösungsvorschlag für Probe 1:*

der Wetterbericht, die Nordseeküste, der Montag, die Wolke, die Sonne, der Wechsel, der Schauer, der Wind, die Richtung, der Abend, das Gewitter, der Regenguss, der Hagelschauer, die Temperatur, der Sommer, die Jahreszeit, der Gummistiefel, die Sandale

b Der **aktuelle** Wetterbericht für die **deutsche** Nordseeküste

Am **kommenden** Montag gibt es **dichte** Wolken und **freundlichen** Sonnenschein im **schnellen** Wechsel. Nur vereinzelt bilden sich **leichte** Schauer. Der **starke** Wind weht aus **verschiedenen** Richtungen. Am **späten** Abend kommt es zu **heftigen** Gewittern mit **kräftigen** Regengüssen und **unwetterartigen** Hagelschauern. Insgesamt passen die **niedrigen** Temperaturen nicht zum **frühen** Sommer, es ist eindeutig zu kalt für diese **sommerliche** Jahreszeit. Man sollte **dicke** Gummistiefel statt **leichte** Sandalen einpacken.

# Besser schreiben und verstehen: Grammatik

## Seite 48

### Was weiß ich über Grammatik?

**4** *Auf der Kappe könnte zum Beispiel stehen:*
**Grammatik-Ass** oder **Sprachgenie**

# Abwechslungsreich schreiben

## Seite 49

**1** **Satz 1:** Die Walmutter spritzt dem Baby die fette Milch in das geöffnete Maul.
*oder* Die Walmutter spritzt die fette Milch dem Baby in das geöffnete Maul.
**Satz 2:** Die fette Milch spritzt die Walmutter dem Baby in das geöffnete Maul.
**Satz 3:** Dem Baby spritzt die Walmutter die fette Milch in das geöffnete Maul.
*oder* In das geöffnete Maul spritzt die Walmutter dem Baby die fette Milch.

**2** Satzglieder:

| dem Baby | die fette Milch | spritzt |
|---|---|---|

| die Walmutter | in das geöffnete Maul |
|---|---|

**3** Stundenlang halten Finnwale eine Geschwindigkeit von 20 Stundenkilometern durch.
Etwa 40 PS benötigen sie für diese Geschwindigkeit.
*(oder:* Für diese Geschwindigkeit benötigen sie etwa 40 PS.)

## Wiederholungen vermeiden: Die Ersatzprobe

### Seite 50

**1** a E-Mail 1: Hallo, Josh,
ich habe wieder etwas über Wale gelesen. Wale haben ein eingebautes „Kühlsystem". Das „Kühlsystem" verhindert, dass die Wale* beim Schnellschwimmen an Überhitzung sterben. Die Wale leiten mit dem Kühlsystem über die Schwanz-flosse Hitze ab. Ein Netz von Adern leitet kälteres Blut in die Muskeln. Dort wird das Blut* warm. Das Blut wird dann in den Schwanz geleitet, wo das Blut sich wieder abkühlt.
Tschüss Nick

*Hinweis: Die Wörter mit * müssen in (b) nicht ersetzt werden, wenn alle anderen unterstrichenen Wörter ausgetauscht sind.*

b E-Mail 2: Hallo, Josh,
ich habe wieder etwas über Wale gelesen. **Sie** haben ein eingebautes „Kühlsystem". **Es** verhindert, dass die Wale beim Schnellschwimmen an Überhitzung sterben. **Sie** leiten mit dem Kühlsystem über die Schwanzflosse Hitze ab. Ein Netz von Adern **lenkt** kälteres Blut in die Muskeln. Dort wird das Blut warm. Es wird dann in den Schwanz geleitet, wo es sich wieder abkühlt.
Tschüss Nick

**2** Blauwale wiegen fast 150 Tonnen. **Sie** könnten an Land nicht leben. **Ihr** Gewicht würde **sie** erdrücken. Deshalb sind Blauwale im Meer zu Hause. **Im Wasser** (oder: **Dort**) gleicht der Auftrieb das Gewicht aus.

**3** *Mögliche Lösung:*
Walbabys wachsen dank der fetten Milch ungeheuer schnell. Sie können täglich bis zu 100 Kilogramm zulegen. Möglichst bald brauchen Walbabys auch eine schützende Fettschicht. Sie hilft ihnen im ersten Lebensjahr auf der Reise in die kalten Gewässer um den Nordpol.

# Die wichtigsten Satzglieder kennen

### Seite 51

**1** A Der Retter ist: ein Delfin.      Der Gerettete ist: der 14-jährige Junge Davide Cece.

B Der Retter ist: ein 14-jähriger Junge.      Der Gerettete ist: der Delfin.

**2** a Das Subjekt des Satzes A ist ein Delfin.
„Dem 14-jährigen italienischen Jungen Davide Cece" ist folgendes Satzglied: Dativobjekt.

b

| Ein 14-jähriger Junge | rettete | einem Delfin | das Leben. |
|---|---|---|---|
| Subjekt | Prädikat | Dativobjekt | Akkusativobjekt |

**3**

| Satz | In diesem Satz ist das **Subjekt** | In diesem Satz ist das **Prädikat** |
|---|---|---|
| Davide war vom Boot seines Vaters ins Meer gefallen. | **Davide** | **war ... gefallen** |
| Da half ihm der Delfin „Filippo". | **der Delfin „Filippo"** | **half** |

Nun ist klar, der Retter war der **Delfin**. Gerettet wurde **der Junge Davide**.

## Seite 52

### Das Objekt als Satzerweiterung

**1** Die Aussage **C** trifft zu, **A** und **B** treffen nicht zu.

**2** a

| Delfine | besitzen | Frage nach dem Satzglied, das hier fehlt: |
|---|---|---|
| Satzglied: **Subjekt** | Satzglied: **Prädikat** | **Wen/Was besitzen Delfine?** |

b Fragewort: **Wen/Was?**
„zwei verschiedene Sprachen" ist demnach folgendes Satzglied: **Akkusativobjekt.**

**3** a + b

| Delfine besitzen zwei verschiedene Sprachen. | Satzgliedfrage | Satzglied |
|---|---|---|
| Sie nutzen die Klicksprache und die Pfeifsprache. | Wen/Was nutzen sie? | **Akkusativobjekt** |
| Die Klicksprache dient der Orientierung. | **Wem dient die Klicksprache?** | **Dativobjekt** |
| Die Pfeifsprache hilft den Delfinen bei der Verständigung. | **Wem hilft die Pfeifsprache?** | **Dativobjekt** |

c

Wenn Delfine sich orientieren wollen, nutzen sie   **X** die Klicksprache   ☐ die Pfeifsprache.

Wenn Delfine pfeifen, wollen sie vermutlich   **X** miteinander reden   ☐ sich orientieren.

## Seite 53

### Satzglieder bestimmen und verändern

**1** a + b

| Text: Rekordhalter Blauwal | Frage nach dem Satzglied | Satzglied |
|---|---|---|
| Der Blauwal ist das größte und schwerste Tier aller Zeiten. | | |
| Er wird normalerweise um die 25 Meter lang. Manche Weibchen erreichen sogar 33 Meter Länge. | Wer/Was erreicht 33 Meter Länge? | Subjekt |
| Der Blauwal ist auch das schwerste Tier der Welt. Er bringt zwischen 100 und 140 Tonnen auf die Waage. Rund fünf Tonnen wiegt allein | Wen/Was bringt ... | Akkusativobjekt |
| die Zunge des Blauwals. Sie wiegt damit so viel wie 70 erwachsene Menschen. Natürlich ist das größte Tier der Welt auch ein gewaltiger Fresser. | Wer/Was wiegt ...? | Subjekt |
| Täglich verzehrt der Blauwal bis zu eine Tonne Plankton, Kleinfische und Krebse. | Wen/Was verzehrt ... | Akkusativobjekt |
| Dazu siebt er das Wasser mit seinem Maul. Schon die Muttermilch des Blauwals besteht zur Hälfte aus Fett. Zum | Wen/Was siebt er ...? | Akkusativobjekt |
| Vergleich: Die Muttermilch des Menschen enthält nur 3,5 Prozent Fett. Die fette Milch hilft | We/Was enthält ...? | Subjekt |
| dem Walbaby beim Wachstum. Jeden Tag wächst | Wem hilft ...? | Dativobjekt |
| das Waljunge um drei Zentimeter. Würde ein Menschenbaby so schnell wachsen, wäre es nach einem halben Jahr über fünf Meter groß. | Wer/Was wächst ...? | Subjekt |

# Die Zeitformen (Tempora) des Verbs richtig nutzen

## Seite 54

 *Mögliche richtige Reihenfolge*: E, B, D, G, A, F, C.

 a  E, B, D

b  A, C, F, G

c  Dass Tim von Vergangenem berichtet, merkt man daran, dass die Sätze A, C, F und G im Präteritum stehen.

## Seite 55

### Von etwas erzählen – Perfekt und Präteritum verwenden

 a  Fred [...] **steigt** wieder in seinen Twin Otter, **dreht** das Flugzeug in Richtung Eis und **startet.** Er **kreist** zweimal über der Niederlassung und die herbeigeströmten Menschen **winken** ihm ausgiebig **nach.** Ich **setze** mich auf den bequemen Schlitten zwischen Sonjas Pelze. Natürlich **steigt** Großvater zu Irene Navarana. Natürlich. Wir **fahren** Richtung Dorf und mein Schlitten **schaukelt** wie eine Nussschale an einem Seil über die Schneebänke. Ich **kralle** mich mit aller Kraft am Rand **fest.** Ich **bin** neugierig, welches Haus Großvater **gehört.** Sonja **hält** bei einem himmelblau gestrichenen Häuschen.

b  Fred [...] **ist** wieder in seinen Twin Otter **gestiegen,** hat das Flugzeug in Richtung Eis **gedreht** und **ist gestartet.** Er **ist** zweimal über der Niederlassung **gekreist** und die herbeigeströmten Menschen **haben** ihm ausgiebig **nachgewinkt.** Ich **habe** mich auf den bequemen Schlitten zwischen Sonjas Pelze **gesetzt.** Natürlich **ist** Großvater zu Irene Navarana **gestiegen.** Natürlich. Wir **sind** Richtung Dorf **gefahren** und mein Schlitten **hat** wie eine Nussschale an einem Seil über die Schneebänke **geschaukelt.** Ich **habe** mich mit aller Kraft am Rand **festgekrallt.** Ich **bin** neugierig **gewesen,** welches Haus Großvater **gehört** *(hier Präsens lassen).* Sonja **hat** bei einem himmelblau gestrichenen Häuschen **gehalten.**

c  Fred [...] **stieg** wieder in seinen Twin Otter, **drehte** das Flugzeug in Richtung Eis und **startete.** Er **kreiste** zweimal über der Niederlassung und die herbeigeströmten Menschen **winkten** ihm ausgiebig **nach.** Ich **setzte** mich auf den bequemen Schlitten zwischen Sonjas Pelze. Natürlich **stieg** Großvater zu Irene Navarana. Natürlich. Wir **fuhren** Richtung Dorf und mein Schlitten **schaukelte** wie eine Nussschale an einem Seil über die Schneebänke. Ich **krallte** mich mit aller Kraft am Rand **fest.** Ich **war** neugierig, welches Haus Großvater **gehört** *(hier Präsens lassen).* Sonja **hielt** bei einem himmelblau gestrichenen Häuschen.

## Begleiter des Textes verstehen: Schaubilder, Fotos, Grafiken, Statistiken

Oft werden Sachtexten Schaubilder, Fotos, Grafiken oder Statistiken beigefügt.
Neben dem Text auf Seite 5 ist folgendes Schaubild abgebildet. Sieh es dir genau an und löse Aufgabe 1.

**1** **Ein Schaubild auf den Text beziehen:**
**Nachfolgend findest du noch einmal den letzten Absatz des Textes auf Seite 5.**
**Ein Pfeil ordnet schon einen Teil des Schaubildes einer Aussage aus dem Text zu.**
**Verbinde die drei gelben Punkte im Schaubild mit**
**den dazu passenden Sätzen im Text.**

Besonders weite Reisen unternehmen die Grauwale. Sie paaren

sich im Winter im warmen Wasser vor der kalifornischen

Küste und ==ziehen im Frühjahr in den hohen Norden.==

Den Sommer verbringen sie im Beringmeer zwischen Alaska

und Sibirien. Dort verdoppeln sie ihr Gewicht. Mit einer dicken

Fettschicht kehren sie im Herbst nach Kalifornien zurück und

bekommen Junge. Bei der Wanderung im Frühling zieht

der Nachwuchs schon mit. Dieser Wanderzug kann

10 000 Kilometer weit führen.

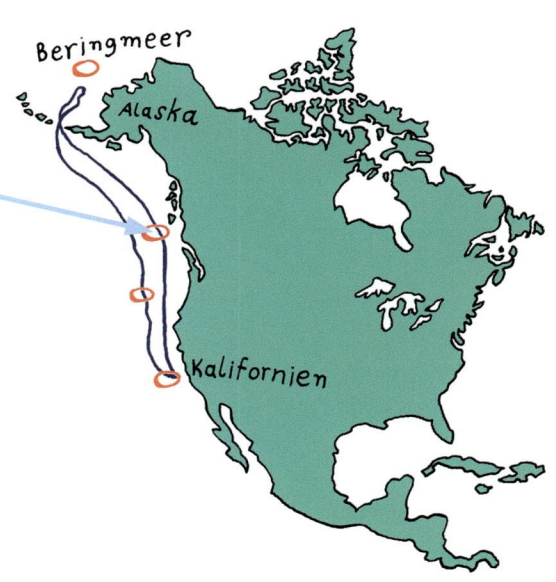

**2** **Eine Grafik ohne Text verstehen:**
**Schau dir die folgenden Grafiken genau an und setze dann die Sätze unten fort.**

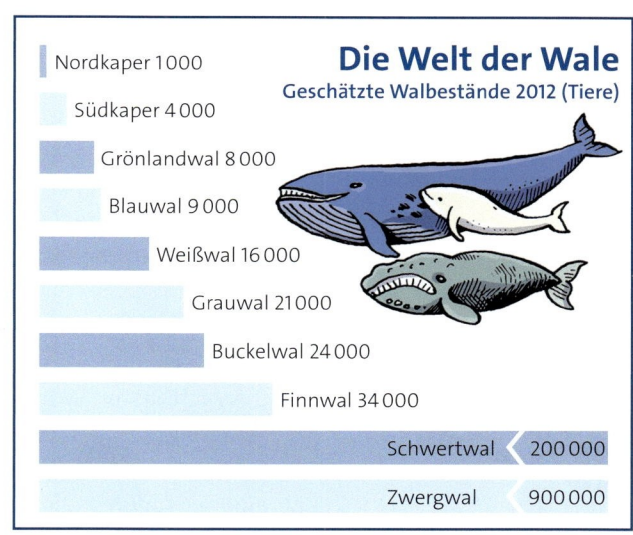

A  Im Frühjahr wandert der Grauwal von _____ in _____ .

B  Ihren Nachwuchs gebären die Grauwale meist in _____ .

C  Eine Speckschicht fressen sie sich an, wenn sie in _____ sind.

D  Es gibt auf der ganzen Welt _____ Blauwale.

E  Der Zwergwal steht in der rechten Grafik ganz unten, weil _____ .

# Textknacker anwenden

 **1** Du hast auf den Seiten 4 bis 10 fünf Textknacker kennen gelernt und ausprobiert.

  **a** Fülle die ersten drei Spalten der Tabelle, indem du die Nummern der Schnipsel unten einordnest.

  **b** Kreuze dann rechts an, welcher Knacker dir wie geholfen hat.

  **c** Schreibe eine Karteikarte, auf der die fünf Textknacker stehen, und lege sie in dein Mäppchen,
damit du immer daraufschauen kannst, wenn du einen Text liest.

| Textknacker (lege eine sinnvolle Reihenfolge fest) | Funktioniert so: | Hilft mir ... | Dieser Textknacker hat mir zum Textverständnis | | | |
|---|---|---|---|---|---|---|
| | | | sehr geholfen. | geholfen. | ein wenig geholfen. | nicht geholfen. |
| 4 | 10 | | ☐ | ☐ | ☐ | ☐ |
| | | | ☐ | ☐ | ☐ | ☐ |
| | | | ☐ | ☐ | ☐ | ☐ |
| | | | ☐ | ☐ | ☐ | ☐ |
| | | | ☐ | ☐ | ☐ | ☐ |

| Textknacker | Funktioniert so: | Hilft mir ... |
|---|---|---|

**❶ Bilder zum Text finden**

**6** Bilder mit Worten oder in einer Zeichnung wiedergeben

**11** den Text sehr genau zu verstehen.

**❷ Den Text umformen**

**7**
1. versuchen, den Text ohne das Wort zu verstehen
2. Wort aus dem Zusammenhang erschließen
3. nachschlagen

**12** das Verstandene auf einen Blick sichtbar zu machen.

**❸ Mit schwierigen Wörtern umgehen**

**8**
1. die wichtigsten Wörter der Frage erkennen, Textstellen zu den wichtigsten Wörtern finden, Frage beantworten
2. eigene Fragen stellen und beantworten

**13** mit Wörter zurechtzukommen, die ich zunächst nicht verstehe.

**❹ Die Überschrift nutzen**

**9**
1. wichtige Wörter und Überschriften zu Absätzen notieren
2. Schaubilder/z. B. Tabelle zum Text erstellen

**14** mir Stellen aus dem Text bildlich genau vorzustellen.

**❺ Fragen zum Text beantworten**

**10**
1. Was weiß ich schon über das Thema?
2. Textstellen zur Überschrift suchen

**15** eine erste Vorstellung vom Text zu bekommen.

# Textknacker: Selbstcheck

**1** Lies den folgenden Sachtext.

### Verrückte Viecher: Wale mit Sonnenbrand

Wale sind Säugetiere wie wir Menschen und haben auch eine ganz ähnliche Haut. Deshalb können Wale einen Sonnenbrand bekommen – obwohl sie immer nur für wenige Minuten an die Wasseroberfläche kommen, um zu atmen. Die Arten, die eine hellere Haut haben, sind stärker gefährdet. Blauwale zum Beispiel sind sehr empfindlich. Die meiste Zeit des Jahres ist das kein Problem, die verbringen sie nämlich in Gegenden, wo die Sonne nicht so stark scheint.

Im Winter aber ziehen sie in die Nähe des Äquators. Hier ist die Sonneneinstrahlung besonders hoch. Meeresbiologen aus den USA haben über mehrere Jahre Blauwale beobachtet und immer wieder Sonnenbrände und Brandblasen auf deren Haut gefunden. Von Jahr zu Jahr wurden die Verbrennungen schlimmer. Die Biologen glauben, dass das mit der dünner gewordenen Ozonschicht zusammenhängt. Diese durchsichtige Schicht schwebt hoch über der Erde und wirkt wie ein Sonnenschirm. In den letzten vierzig Jahren ist die Ozonschicht etwas löchrig geworden, sodass auf die Erde mehr von den Sonnenstrahlen treffen, die auf unserer Haut Sonnenbrand und im schlimmsten Fall Hautkrebs verursachen können. Darunter leiden auch die Wale. Und leider können sie sich nicht wie wir mit Sonnencreme schützen.

KinderZEIT, 27.01.2011

**2** Wähle zwei Textknacker aus und wende sie auf den Text an.
**a** Notiere, welche Textknacker du ausgesucht hast.
**b** Wende sie an und notiere stichwortartig im Heft, wo du sie angewendet hast und wobei sie hilfreich waren.

Ich wähle als **ersten Textknacker:** _____

Ich wähle als **zweiten Textknacker:** _____

**3** Überlege abschließend, wie zufrieden du mit der Arbeit mit den für Aufgabe 2 ausgewählten Textknackern bist. Kreuze an, wie du zurechtgekommen bist.

| | 👍👍 sehr gut | 👍 gut | 👎 weniger gut | 👎 gar nicht | Bei 👎 oder 👎: |
|---|---|---|---|---|---|
| mit dem Textknacker _____ | ☐ | ☐ | ☐ | ☐ | Schau dir noch einmal die Seite zu diesem Textknacker an! |
| mit dem Textknacker _____ | ☐ | ☐ | ☐ | ☐ | |

# Textknacker auf einen erzählenden Text anwenden

**1** Lies den folgenden Textausschnitt aus dem Jugendbuch „Nanuk. Im Zeichen des Bären" und verwende dann die Textknacker auf dieser und der nächsten Seite.

Ina Vandewijer

## Nanuk. Im Zeichen des Bären

*Tims Großvater wohnt in einem Inuit-Dorf im hohen Norden Kanadas. Eines Tages kommt er zu Tim und seinen Eltern nach Montreal, um seinen Enkel in die Wüste aus Eis mitzunehmen. Er will Tim die Jagdgründe, das Land, die Tiere und auch die Geister zeigen. Tim ist ratlos. Soll er dem alten Mann folgen, den er in seiner Mischung aus Englisch, Französisch und der Inuit-Sprache Inuktitut kaum versteht?*

Ich liege noch lange wach. Ich bin noch nie auf Victoria Island gewesen, wo Großvater wohnt, im unwirtlichen äußersten Norden Kanadas. Er wohnt dort als Inuk unter den Inuit, in dem neuen Land, das sie
5 bekommen haben. In *Nunavut,* was *unser Land* bedeutet. Zynisch. Die Inuit „bekommen" ein Land, das ihnen schon seit Jahrhunderten gehört. Den Inuit, den *Eskimos* oder den *Rohfleischfressern,* wie sie sich nannten. Und alles, was ich von den Inuit weiß,
10 stammt aus Mamas unglaublichen Geschichten. Über die klirrende Kälte, die unendlichen Züge durch eine Wüste aus Schnee. Und dann die heißen Geschichten über Großvater, in jungen Jahren das örtliche Boxtalent, wenn man das glauben will. Er
15 hat sogar einen Finger dabei verloren. Abgebissen von einem anderen Koloss. Es stimmt, Großvater fehlt der kleine Finger der linken Hand. Und dann die primitiven Lebensumstände: kein Fernsehen, keine Elektrizität, keinen Kühlschrank (als ob sie

den überhaupt bräuchten), abends Gesellschafts- 20 spiele oder Karten spielen. „Das waren noch Zeiten", sagt Mama immer, wenn Papa und ich wieder einmal vor dem Fernseher hängen.

Und wirklich, es war Mama, die mit mir Karten oder sonstige Spiele spielte. Papa ist eher der Schlauber- 25 ger unter uns. Von wem ich wohl mehr habe?
Über Großmutter weiß ich wenig. Ich habe sie nie kennen gelernt. Sie starb während einer Grippeepidemie, noch vor meiner Geburt. Mama war damals erst fünfzehn. Gerade mal ein Jahr älter, als ich jetzt 30 bin.

Ich? Mitgehen mit meinem Großvater? Mit George *Kekertak Pisuktok?* (Der, der über Inseln läuft, bedeutet das.) Nein, ich bin sauer, weil das alles hinter meinem Rücken beschlossen wird. Sie hätten es mir ge- 35 nauso gut vorschlagen können. Aber auf der anderen Seite bin ich doch neugierig auf Großvater und seine Umgebung.

> Du weißt, dass man einen Text oft besser versteht, wenn man sich Bilder zu ihm ausdenkt. Diesmal geht es darum, diese **vorgestellten Bilder mit Worten wiederzugeben.**

**2** Den Textknacker „Bilder zum Text ausdenken" (S. 6) anwenden – Bilder mit Worten wiedergeben:
**a** Lies den Text nochmals. Wähle eine Textstelle und schreibe auf, was dir durch den Kopf geht.

Zeilen Nr. _____ ; dort heißt es: „_____

_____

„

**b** Beschreibe zu dieser Textstelle, welches Bild oder welche Bilder dir durch den Kopf gehen.

_____

_____

_____

**3** Den Textknacker „Den Text umformen" anwenden:

**a** Vorarbeiten: Prüfe, ob du den Text über Tim genau verstanden hast, indem du das Wichtigste auf einen Blick sichtbar machst.

Unten findest du vier Sätze, die zu den Handlungsabschnitten der Erzählung auf Seite 14 passen. Nummeriere die Handlungsabschnitte. Manche Sätze sind unvollständig, ergänze sie.

| | |
|---|---|
| **Handlungsabschnitt** _1_ , Z. _1_ – ____ :<br>Tim, der Ich-Erzähler, liegt im Bett und denkt über die Heimat seines Großvaters nach. | **Handlungsabschnitt** ____ , Z. ____ – ____ :<br>Nun wird Tim bewusst, dass es kein Zufall ist, dass er selbst das Kartenspielen von seiner<br><br>Mutter gelernt hat. Und _____<br><br>_____ |
| **Handlungsabschnitt** ____ , Z. ____ – ____ :<br><br>Am Schluss überlegt _____<br><br>_____ | **Handlungsabschnitt** ____ , Z. ____ – ____ :<br><br>Tim erinnert sich an _____<br><br>_____ |

**b** Erstelle ein Schaubild: Die Handlung eines Textes kannst du gut als Handlungspfeil darstellen. Die hier erzählte Handlung spielt in der Gegenwart und in der Vergangenheit. Schreibe ins Heft.

Gegenwart — | Tim liegt im Bett und denkt über die Heimat seines Großvaters nach. | … | … | … | →

Vergangenheit — | Er erinnert sich | … | … | →

**4** Arbeite diese Checkliste zur Anwendung der beiden Textknacker auf einen erzählenden Text aus: Gib für jeden an, auf welche Weise er dir hilft, einen Text besser zu verstehen.

**Textknacker: Bilder zum Text ausdenken**     **Checkliste** ✔

Der Textknacker „Bilder zum Text ausdenken" hilft mir, _____ .

**Textknacker: Den Text umformen**

Der Textknacker „Den Text umformen" hilft mir, _____ .

**5** **Lies den folgenden Textausschnitt.**

*Schließlich fliegt Tim mit seinem Großvater in den Norden. Zunächst geht es nach Yellowknife. Von dort werden Tim und sein Großvater mit einer kleinen Maschine, einem „Twin Otter", abgeholt. Die Maschine fliegt Fred, den der Großvater persönlich kennt. Der Flug verläuft aber ganz anders, als Tim erwartet hatte.*

Plötzlich schrecke ich auf. Fred und Großvater zanken sich um das Funkgerät. Ich schaue aus dem Fenster und sehe eine weiße Welt. Keine dünne Wolkendecke, sondern das ständige Glitzern von Schnee,
5 hier und da unterbrochen von Unebenheiten in der Landschaft, von Siedlungen aus dicht gedrängt stehenden Häusern.

Fred fummelt an Instrumenten und Knöpfen herum. Der Motor fängt an zu stottern. Ich werde bleich.
10 „Keine Gefahr, das passiert öfter", versichert mir Fred. „Kleine Störung."

Wir fliegen ein paar Minuten weiter und Fred drückt auf ein anderes Knöpfchen. Die Kiste fängt an, fürchterlich zu vibrieren.
15 „Vielleicht solltest du besser einen Fallschirm umschnallen", sagt Fred jetzt.

Ich traue meinen Ohren nicht. Ein kleiner Routineflug zum Nordpol und hier ist schon alles zu Ende? Eine Notlandung?
20 „Fred, solltest du nicht lieber landen?", frage ich beklommen.

„Siehst du vielleicht irgendwo eine Landepiste?", fragt Fred, ohne eine Miene zu verziehen.

Großvater quasselt weiterhin durch das Mikrofon,
25 als ginge ihn das alles gar nichts an.

Fred erklärt mir, wie man den Fallschirm umschnallt und an welcher Schlaufe ich im Notfall ziehen muss. Das hier geschieht nicht wirklich. Das kann nicht wahr sein. Der Motor gibt jetzt ganz den Geist auf und Fred fliegt in Schieflage. Ich glaube, ich muss 30 kotzen.

Grün und blau werde ich. Es ist ernst. Mit unerschütterlicher Ruhe greift Großvater nach seinem Fallschirm. „Wenn es zu arg wird", warnt mich Fred, „gebe ich dir ein Zeichen. Dann musst du springen. 35 Ich versuche, die Kiste auf den Boden zu bringen. Ich versuche es, hörst du!"

Fred fingert an allem herum, versucht, den Motor wieder in Gang zu bringen. Er gibt Gas und nimmt Gas zurück. Nichts hilft. Die Kiste stottert, schwebt, 40 spuckt und prustet.

„Ich bleibe. Auch während der Notlandung. Du schaffst es, Fred!", sage ich mit erstickter Stimme. Ich weiß selbst nicht, ob ich daran glaube.

Fred schaut Großvater an, Großvater schaut Fred an. 45 „Pfiffiger Enkel, den du da hast, George! Er fällt nicht drauf rein!", lacht Fred nun.

„Was meinst du?", frage ich, jetzt rot und violett.

Im Handumdrehen lässt Fred die Kiste wieder normal fliegen. Die Männer lachen sich die Seele aus 50 dem Leib.

„Hundsgemein finde ich das", höhne ich.

Tim ist am Ende wütend. Doch was ist genau passiert?

Wenn man einen Text gut verstanden hat, kann man **Fragen zum Text beantworten.** Das soll auf der nächsten Seite geübt werden.

**6** Den Textknacker „Fragen zum Text beantworten" (S. 8) anwenden –
Fremde Fragen an einen erzählenden Text beantworten:
**Warum ärgert sich Tim?**
Kreuze für jede Aussage an, ob sie richtig oder falsch ist.

|  | richtig | falsch |
|---|---|---|
| A Tim ist wütend, weil ihm auf dem Flug übel geworden ist. | ☐ | ☐ |
| B Tim ist wütend, weil Fred und sein Großvater ihm nur vorgespielt haben, dass es Flugprobleme gibt. | ☐ | ☐ |

**7** Du bekommst zum Text auf Seite 16 folgende Aufgabe, die eine Frage enthält:
→ Untersuche, wie die Spannung gesteigert wird:
  Was unternimmt Fred, um Tim Angst zu machen? Schreibe drei Dinge auf.

Erschließe die Antwort in drei Schritten:
**a** Schritt 1: Unterstreiche in der Aufgabenstellung die wichtigsten Wörter.
**b** Schritt 2: Unterstreiche im Text auf Seite 16 alles, was zu den wichtigsten Wörtern passt.
**c** Schritt 3: Beantworte die Frage anhand der unterstrichenen Textstellen.
  Trage deine Antwort in den Handlungspfeil ein. Schreibe deine Lösung sinnvoll auf die Spannungslinie.

**8** Du bekommst zum Text auf Seite 16 folgende Aufgabe, die eine Frage enthält:
→ Was erfährst du im Text auf Seite 16 über Tims Gefühle? Diese Informationen sind gut versteckt.
  Gib mindestens zwei Textstellen an, die auf Tims Gefühle schließen lassen.

Erschließe die Antwort in drei Schritten und gehe dabei vor, wie in Aufgabe 7 beschrieben.

Tim hat _____ . Dies erkennt man zum Beispiel in Z. _____

_____

_____

**9** Arbeite diese Checkliste zur Anwendung des Textknackers „Fragen zum Text beantworten" aus.

**Textknacker:**                                         **Checkliste** ✔

**Fragen zu einem erzählenden Text beantworten**

Wenn ich Fragen zu einem Text beantworten soll, dann gehe ich in drei Schritten vor:

Schritt 1: _____

Schritt 2: _____

Schritt 3: _____

# Texte schreiben

Du hast schon oft einen Text geschrieben. Aber hast du schon einmal überlegt, auf welche Weise du dabei vorgehst? Zu wissen, welcher Schreibtyp du bist, hilft dir, Texte gut zu schreiben.

**1** Welche Tricks helfen dir beim Schreiben?
Lies die Fragen im Fragebogen und kreuze die Antwort an, die am besten zu dir passt.

## Was für ein Schreibtyp bin ich?  **Fragebogen**

**Wichtig:**
Hier geht es nicht um richtig oder falsch!
**Jede Antwort ist okay.** Du sollst nur herausfinden, welcher Schreibtyp **du** bist.

**1. Was tust du, wenn du eine Schreibaufgabe bekommst?**

A Ich denke mir den Text im Kopf zuerst ganz aus und schreibe ihn erst dann auf. ☐

B Ich schreibe zuerst Stichpunkte auf und fange dann an zu schreiben. ☐

C Ich fange direkt mit dem Schreiben an. Beim Schreiben kommen mir dann immer neue Ideen. ☐

D Ich weiß oft nicht, wo ich beginnen soll. Dann fange ich an irgendeiner Stelle an zu schreiben. ☐

**2. Wie gehst du meistens vor, wenn du einen Text schreibst?**

A Ich denke mir ganze Sätze aus und schreibe sie dann so auf. ☐

B Ich lese jeden Satz oder Abschnitt nach dem Schreiben sofort noch einmal durch. Dabei korrigiere ich Rechtschreibfehler direkt und überlege mir manchmal auch eine neue Formulierung. ☐

C Ich schreibe zuerst einmal alle meine Ideen auf und verbessere Fehler erst später. ☐

D Wenn ich mit einer Idee nicht weiterkomme, schreibe ich an einer anderen Stelle weiter. ☐

**3. Wie überarbeitest du deine Texte?**

A Ich schreibe den Text meistens noch einmal ganz neu. ☐

B Ich überarbeite meine Texte schon beim Schreiben und lese sie zum Schluss immer noch einmal genau durch. ☐

C Ich schreibe zuerst den Text fertig und lese ihn danach genau durch, um ihn zu verbessern. ☐

D Ich versuche, die Textteile, die ich geschrieben habe, in einer sinnvollen Reihenfolge zusammenzusetzen. ☐

**4. Was fällt dir beim Schreiben schwer?**

A Es fällt mir meistens schwer, meinen Text noch einmal zu lesen und zu überarbeiten. ☐

B Es fällt mir schwer, einfach drauflozuschreiben. ☐

C Es fällt mir schwer, mir vor dem Schreiben einen Schreibplan auszudenken, lieber schreibe ich einfach drauflos. ☐

D Es fällt mir schwer, einen zusammenhängenden Text zu schreiben. Mir fallen immer nur einzelne Sätze ein, die aber nicht immer zueinander passen. ☐

**2** Werte deine Antworten aus dem Fragebogen auf Seite 18 aus:
**a** Trage zu jeder Frage den Buchstaben der Antwort ein, die du angekreuzt hast.
**b** Trage in der rechten Spalte ein, welcher Buchstabe am häufigsten vorkommt.

| Frage 1 | Frage 2 | Frage 3 | Frage 4 | Häufigster Buchstabe |
|---------|---------|---------|---------|----------------------|
|         |         |         |         |                      |

**c** Der Buchstabe, der am häufigsten vorkommt, zeigt dir, welcher Schreibtyp du bist.
Kreuze an, welcher der folgenden Steckbriefe deinen Schreibtyp beschreibt.
Lies deinen persönlichen Steckbrief – er gibt dir einen Tipp, der dir beim Schreiben helfen wird.

Buchstabe: **A**
**Dein Schreibtyp: Vorausdenker**

So schreibst du: Du denkst dir einen oder mehrere Sätze aus und schreibst sie dann genau so auf, wie sie in deinem Kopf waren. Wenn es sich um kurze Texte handelt, funktioniert das meist gut. Bei längeren Schreibaufgaben wird das Vorausdenken aber immer schwieriger.
Dein persönlicher Tipp: Notiere deine Ideen zunächst auf einem gesonderten Blatt.
Ordne sie anschließend, bevor du mit dem Schreiben beginnst.

Buchstabe: **B**
**Dein Schreibtyp: Planer**

So schreibst du: Du sammelst zuerst Ideen und überlegst danach, wie du deinen Text aufbauen willst. Erst dann schreibst du den Text. Am Schluss liest du den Text erneut und überarbeitest ihn. Diese Vorgehensweise ist sinnvoll und hilft dir, jede Schreibaufgabe gut zu bewältigen.
Dein persönlicher Tipp: Verwende nicht zu viel Zeit auf das Planen, damit genügend Zeit zum Schreiben bleibt. Ansonsten ist dein Vorgehen genau richtig!

Buchstabe: **C**
**Dein Schreibtyp: Drauflos-Schreiber**

So schreibst du: Du schreibst deine Ideen direkt auf. Dadurch geht dir nichts verloren. Aber es fällt dir vermutlich oft schwer, den Text zu gliedern.
Dein persönlicher Tipp: Du musst deine Texte immer sorgfältig überarbeiten. Falls du beim Durchlesen entdeckst, dass dein Text etwas durcheinandergeraten ist, musst du ihn noch einmal gliedern und neu schreiben.
Wichtig: Plane in Klassenarbeiten immer genügend Zeit für die Überarbeitung ein.

Buchstabe: **D**
**Dein Schreibtyp: Puzzler**

So schreibst du: Du schreibst einzelne Textteile und versuchst am Ende, sie zu einem Text zusammenzupuzzeln. So gehen dir gute Einfälle und Formulierungen nicht verloren. Manchmal passen die Textteile am Ende vielleicht nicht richtig zusammen.
Dein persönlicher Tipp: Ein Schreibplan kann dir helfen. Überlege zunächst, welche Teile du schreiben willst, und schreibe sie dann. Setze die Teile anschließend mit Hilfe deines Schreibplans zu einem ganzen Text zusammen.

Auf den Seiten 20 bis 32 findest du Tipps und Übungen, die dir helfen, dein Schreiben besser zu planen.

# Sachlich schreiben: Ein Tier beschreiben

**1. Schritt: Planen**
– Informationen sammeln
– Informationen ordnen
– Schreibplan anlegen

**2. Schritt: Schreiben**
– Zusammenhängenden Text ausformulieren
– Schreibplan beachten

**3. Schritt: Überarbeiten**
– Reihenfolge (Schreibplan) prüfen
– Sachliche Formulierungen verbessern
– Treffende Verben suchen

## Planen: Informationen sammeln und ordnen

Überlege zuerst, **für welchen Zweck** du etwas beschreibst. Für einen **Tiersteckbrief** oder für eine **Suchanzeige** für ein entlaufenes Tier sind andere Informationen wichtig als für eine **Tierbeschreibung in einem Sachbuch**. Abhängig vom Zweck der Beschreibung legst du die Oberbegriffe fest, zu denen du weitere Informationen sammelst.

**1**

**a** Lies den Text über „Das Zwergkaninchen als Haustier" und die kurzen Hinweise zur Haltung eines Zwergkaninchens.

**b** Lies erneut und markiere wichtige Informationen.

### Das Zwergkaninchen als Haustier

Überall auf der Welt gibt es Zwergkaninchen, sie treten in vielen unterschiedlichen Farben und Arten auf. Ihr Körperbau kann sehr verschieden sein. Während große Rassen (z. B. Deutscher Riese) ein Ge-
5  wicht von über acht Kilogramm erreichen, wiegen die kleinen Zwergkaninchen (z. B. Holländer, Deutscher Kleinwidder, Hermelin, Rexzwerge) nur zwei bis drei Kilogramm. Sie werden etwa 20 bis maximal 40 Zentimeter lang. Ihre Lebenserwartung liegt zwi-
10  schen sieben und zehn Jahren. Geschlechtsreif werden die Tiere ab der zehnten bis zwölften Woche, dann können sie häufig Junge bekommen: Nach einer Tragzeit von etwa 30 Tagen kommen in einem Wurf meistens drei bis sechs Jungtiere zur Welt.
15  Zwergkaninchen müssen immer Futter zur Verfügung haben. Geeignet sind frische Gräser, Kräuter, Blätter, Rinden, Zweige und Heu. Für den wichtigen Zahnabrieb muss immer Knabberfutter bereitstehen. Fertigfutter ist oft zu energiereich und sorgt für
20  eine gesundheitsschädliche Verfettung der Tiere.

Zwergkaninchen dürfen niemals einzeln gehalten werden! Wichtig ist ein ausreichend großer Käfig, am besten ein selbst gebauter, da Fertigkäfige meist zu klein sind. Auch wenn sie kaum Laute von sich geben, verständigen sich Kaninchen viel mit ihren  25
Artgenossen, vor allem über Gerüche. Sie können aber auch durch lautes Klopfen mit den Hinterläufen auf Gefahren aufmerksam machen.
Wenn Kaninchen sich mögen, stupsen sie sich freundlich mit der Nase an oder lecken sich gegen-  30
seitig das Fell.
Obwohl sich Kaninchen selbst pflegen, sollte man als Halter regelmäßig das Fell untersuchen und, wenn nötig, auskämmen. Auch die Krallenpflege ist wichtig (Tierarzt fragen!).  35

**Haltung eines Zwergkaninchens**

→ viel Auslauf
→ regelmäßige Fellpflege
→ impfen lassen
→ keine Avocados (giftig!)
→ gutmütig, auch an andere Nager zu gewöhnen
→ falls nötig, regelmäßig Krallen kürzen (selbst oder beim Tierarzt)
→ Stöcke oder frische Zweige zum Nagen
→ viel Heu, ab und zu Möhren, Kräuter, Salat … kein Körnerfutter aus dem Supermarkt
→ schreckhaft, flieht bei Gefahr
→ frisst eigene Haare und Kot

Lena und Paul haben sich im Zoogeschäft ein Löwenkopfkaninchen angeschaut. Sie möchten die Eltern davon überzeugen, dass sie das Zwergkaninchen als Haustier anschaffen dürfen. Um alle Informationen zur Verfügung zu haben, benötigen sie einen kurzen Steckbrief.

**2** Schreibe einen Tiersteckbrief
für das Löwenkopfkaninchen,
das sich Lena und Paul ausgesucht haben.
Du siehst es auf dem Foto.

Löwenkopfkaninchen

Verwende auch die Informationen von Seite 20. Stelle alle Informationen im nachfolgenden Steckbrief kurz und in sinnvoller Reihenfolge zusammen.

---

## Tiersteckbrief

**Rasse:** _____

**Aussehen:**

– Größe/Gewicht (ungefähr): _____

– Farbe/Fell: _____

– Körperbau: _____

**Lebensweise/Verhalten:** _____

_____

_____

**Besondere Merkmale:** _____

_____

**Hinweise zur Haltung:** _____

_____

_____

_____

---

**3** Was meinst du? Dürfen Lena und Paul das Zwergkaninchen kaufen? Begründe deine Antwort.

_____

# Nach Oberbegriffen ordnen

Die Klasse 5 c schreibt an einem „Sachbuch über unsere Lieblingstiere". Jens will seinen persönlichen Liebling vorstellen: das Rote Riesenkänguru. Hilf ihm, seine Informationen zu ordnen.

**1** Welche Informationen gehören zu welchem Oberbegriff? Verbinde, indem du eine Linie ziehst.

Die Hinterbeine sind deutlich größer und länger als die Vorderbeine.

Es gehört wie alle Kängurus zu den Beuteltieren.

Die Jungtiere sind bei der Geburt im Schnitt 2,5 Zentimeter lang und wiegen weniger als ein Gramm.

Es lebt vor allem in Australien.

Das Rote Riesenkänguru ist ein Pflanzenfresser.

Jungtiere werden etwa bis zum Alter von acht Monaten gesäugt.

Es ist überwiegend in der Dämmerung und nachts aktiv.

Das Rote Riesenkänguru ist ein Säugetier.

Es wird bis zu 1,80 Meter groß und bis zu 90 Kilogramm schwer.

Das Känguru bewegt sich hüpfend fort und kann dabei bis zu 50 Stundenkilometer schnell werden.

Die Jungen dieser Art kommen nach bereits 20 bis 40 Tagen Schwangerschaft zur Welt.

Jungtiere werden nach der Geburt von der Mutter in einem Bauchbeutel getragen.

Tierart

Lebensraum

Körperbau/Aussehen

Lebensweise/Verhalten

Nahrung

Fortpflanzung

**2 a** Lege in deinem Heft eine Tabelle nach folgendem Muster an und trage alle Informationen aus Aufgabe 1 passend neben den Oberbegriffen ein.

| Oberbegriffe | Information | |
|---|---|---|
| Tierart | ... | |
| Lebensraum | ... | |
| ... | ... | |

**b** Verfasse für das „Sachbuch über unsere Lieblingstiere" eine kurze Beschreibung des Roten Riesenkängurus. Tipp: Dafür kannst du die Oberbegriffe weglassen, denn sie haben dir nur geholfen, die Informationen in die richtige Reihenfolge zu bringen.

# Schreiben: Eine Beschreibung sprachlich gestalten

**Schreibe sachlich:** Vermeide Ausschmückungen, persönliche Wertungen und überflüssige Wörter. Verwende das **Präsens.**

**1** Kreuze für jede Aussage an: sachlich oder nicht sachlich?

| | sachlich | nicht sachlich |
|---|---|---|
| A Kängurujunge wachsen zunächst im Beutel der Mutter auf. | ☐ | ☐ |
| B Kaninchen sind wie Hasen, nur schöner. | ☐ | ☐ |
| C Kängurus sind Säugetiere. | ☐ | ☐ |
| D Ich finde, das Kaninchen ist der beste Freund des Menschen. | ☐ | ☐ |
| E Kängurus liegen gern herum und lassen sich die Sonne auf den Bauch scheinen. | ☐ | ☐ |
| F Manche Kaninchenrassen wiegen bis zu fünf Kilogramm. | ☐ | ☐ |

**Schreibe genau:**
– Wähle **Fachbegriffe,** z. B.: *Nahrung (statt Essen), Junge (statt Babys).*
– Verwende **passende Adjektive**, die das Tier anschaulich und genau beschreiben,
   z. B.: *rostrot, kaffeebraun, rundlich, kräftig, etwa so schwer wie …*
– Verwende anstelle der Wörter „ist", „sind", „haben" und „hat" **treffende Verben**,
   z. B.: *tragen, besitzen, sich befinden, aufweisen, verfügen über, durch … gekennzeichnet sein.*

**2** Genau oder ungenau? Kreuze für jede Zeile an, welche der beiden Formulierungen genauer ist.

| | A | B |
|---|---|---|
| 1 | ☐ Kaninchen sind gesellige Tiere und gut an Artgenossen oder andere Haustiere zu gewöhnen. | ☐ Kaninchen vertragen sich mit fast jedem. |
| 2 | ☐ Kaninchen mögen Grünzeug. | ☐ Kaninchen fressen vor allem Heu, aber auch Obst, Gemüse und frische Kräuter. |
| 3 | ☐ Aber Finger weg von Fertigfutter! | ☐ Fertigfutter kann für Kaninchen ungesund sein, denn es macht sie dick. |
| 4 | ☐ Zuwendung und viel Auslauf sorgen dafür, dass das Kaninchen lange gesund lebt. | ☐ Ab und zu sollte das Kaninchen herumhoppeln dürfen. |

**3** Ersetze diese Formulierungen durch genauere Bechreibungen.

A Kaninchen haben ziemlich viele Haare. – *Kaninchen haben ein dichtes Fell.* _____

B Sie sind nicht besonders schwer. – _____

C Ab und zu muss jedes Kaninchen die Krallen abbekommen.– _____

D Kaninchen haben oft Junge. – _____

# Überarbeiten: Die sinnvolle Reihenfolge prüfen

  Frederik hat für seine Farbmaus eine Tierbeschreibung für das „Sachbuch über unsere Lieblingstiere" geschrieben. Lies seinen Text.

*Ferdi ist eine süße Farbmaus. Mäuse sind tagsüber und nachts immer im Wechsel mal aktiv und mal ganz ruhig. Der kleine Nager liebt es, auf meiner Schulter zu sitzen. Ferdi kann super klettern und auch springen. Die Farbmäuse sind verwandt mit den Hausmäusen, unterscheiden sich von diesen jedoch durch die bunte Färbung. Jeden Tag gebe ich ihm Heu und frisches Wasser, damit er gesund bleibt. Manchmal glaube ich, dass Ferdi mich schon erkennt, wenn ich ins Zimmer komme. Farbmäuse können bis zu 20 Zentimeter lang werden, wovon acht bis zehn Zentimeter auf den Schwanz entfallen. Der Schwanz hilft ihnen, ihr Gleichgewicht beim Klettern und Balancieren zu halten. Ferdi ist ein bisschen pummelig. Normalerweise wiegen Farbmäuse zwischen 40 und 60 Gramm. Sie fressen außer Heu auch Gemüse, Obst, Blätter, Blüten und Kräuter. Ferdi steht besonders auf Kiwi! Eigentlich soll man Mäuse gar nicht einzeln halten, weil sie Gruppentiere sind. Aber Tiffi, meine andere Farbmaus, ist letztes Jahr leider gestorben. Sie war über drei Jahre alt, was für diese kleinen Tiere schon sehr alt ist!*

  Überarbeite die Tierbeschreibung aus Aufgabe 1.
   a Markiere zunächst die sachlichen Informationen, mit denen du weiterarbeiten kannst.
   b Ordne die Informationen sinnvoll: Orientiere dich am Tiersteckbrief aus Aufgabe 2 von Seite 21.
   c Schreibe Frederiks Tierbeschreibung neu. Schreibe in dein Heft, verwende das Präsens.
      Tipp: Achte auf eine sachliche und genaue Beschreibung sowie eine sinnvolle Reihenfolge.

*Ich möchte mein Haustier „Ferdi" vorstellen. Ferdi ist eine Farbmaus. Farbmäuse sind Nagetiere und mit den*

*Hausmäusen verwandt. …*

---

## Sachlich beschreiben

**1. Schritt: Planen**
   — Recherchiere möglichst genau und **sammle aussagekräftige Informationen** für deine Beschreibung. Vielleicht findest du auch ein Bild, das dir bei der Beschreibung hilft.
   — **Ordne** die Informationen **für den Schreibplan:** Achte auf eine sinnvolle Reihenfolge, also z. B.
      a) Tierart/Rasse, b) Aussehen von oben nach unten, c) Besonderheiten und abschließend
      d) Verhalten.

**2. Schritt: Schreiben**
   — Halte dich beim Schreiben an den Schreibplan und **beachte die richtige Reihenfolge.**
   — Beschreibe **sachlich** und **genau,** ohne Ausschmückungen und überflüssige Wörter.
   — Verwende das **Präsens.**
   — Verwende **genau beschreibende Verben.**

**3. Schritt: Überarbeiten**
   — Prüfe, ob du beim Schreiben **den Schreibplan in der richtigen Reihenfolge** umgesetzt hast. Hast du an alle wichtigen Informationen gedacht und nichts Wesentliches vergessen?
   — Streiche, falls nötig, Ausschmückungen, persönliche Wertungen und überflüssige Wörter.
   — Verbessere, wo sinnvoll, durch **passendere Adjektive** oder **genauer beschreibende Verben** (statt „ist", „sind", „hat", „haben").
   — Überarbeite auch **Rechtschreibung** (s. S. 33–47), **Grammatik** (s. S. 48–55) und **Zeichensetzung.**

# Erzählen: Nach Bildern erzählen

**1. Schritt: Planen**
- Ideen/Stoff sammeln
- Stoff ordnen
- Schreibplan anlegen

**2. Schritt: Schreiben**
- Zusammenhängenden Text ausformulieren
- Lesefieber-Kurve beachten

**3. Schritt: Überarbeiten**
- Textlupe anwenden
- Rechtschreibfehler verbessern
- Zeichensetzung überarbeiten

## Planen: Ideen/Stoff sammeln

 **1** **Worum geht es in dieser Bildergeschichte? Schau dir die Bilder genau an.**

**a** Notiere stichwortartig die Antworten auf folgende Fragen:

**Wo** spielt die Geschichte (Ort)? _____

**Wann** geschieht sie (Zeit)? _____

**Wer** ist daran beteiligt (Figuren)? _____

**b** Ordne die Bilder in der richtigen Reihenfolge: Trage Nummern ein.

**c** Schreibe für jedes Bild auf, <u>was</u> geschieht.

**2** Gib auch dem Zoohändler einen Namen.

Junge: *Tim*

Mädchen: *Lena*

Zoohändler: _____

> Es macht mehr Spaß, deine Erzählung zu lesen, wenn die Figuren einen **Namen** bekommen.

**3** Sammle Ideen: Was könnten die Figuren sagen?
Schreibe für jedes Bild Sätze für die wörtliche Rede auf.

> Eine Erzählung wird **lebendiger,** wenn die Figuren sich unterhalten. **Wörtliche Rede** hilft zudem, den Höhepunkt **dramatischer** zu gestalten.

*„Endlich darf ich ein Kaninchen haben!"*

## Planen: Eine Lesefieber-Kurve anlegen

Eine Erzählung braucht einen **sinnvollen Aufbau.** Schau dir die Lesefieber-Kurve an.
Gliedere deine Erzählung in Einleitung, Hauptteil und Schluss.
– Die **Einleitung** führt in die Handlung ein: Wo? Wann? Wer?
– Im **Hauptteil** wird die Spannung Schritt für Schritt bis zum **Höhepunkt** gesteigert.
– Zum **Schluss** wird die Spannung aufgelöst.

**1** Trage die Nummern der Bilder dort ein, wo du sie in der Lesefieber-Kurve anordnen möchtest.

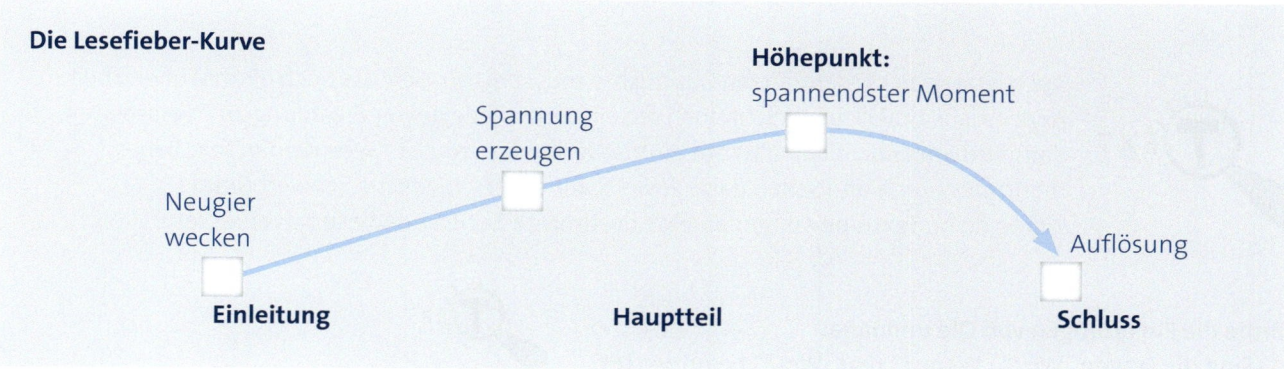

## Schreiben: Die Erzählung sprachlich gestalten – Wörtliche Rede

Wörtliche Rede steht in **Anführungszeichen** (Redezeichen). Der **Redebegleitsatz** gibt an, wer etwas auf welche Weise sagt.

**1** Schreibe die wörtliche Rede mit richtiger Zeichensetzung ab.
Die Satzmuster helfen dir dabei.
Tipp: Unterstreiche im Satz zuerst den Redebegleitsatz.

Begleitsatz: „Wörtliche Rede."      Tim erklärte Ich hätte gern ein kleines Haustier

*Tim erklärte: „Ich hätte gern ein kleines Haustier."*

„Wörtliche Rede", Begleitsatz.      Ich hätte gern ein kleines Haustier erklärte Tim

„Wörtliche Rede", Begleitsatz, „wörtliche Rede".      Vielleicht ein Kaninchen überlegte Tim oder ein Meerschweinchen?

„Wörtliche Rede?", Begleitsatz.      Wie wäre es mit diesem hier fragte Lena

„Wörtliche Rede!", Begleitsatz.      Hilfe kreischte Tim plötzlich schrill

# Schreiben: Die Erzählung ausarbeiten und mit der Textlupe überarbeiten

> Auch wenn ein Text gut geplant und konzentriert geschrieben ist – man kann ihn immer noch verbessern. Schau dir dieses Bild an: Selbst ein Genie wie Albert Einstein hat an seiner berühmten Relativitätstheorie ständig verbessert!

Auch eine selbst geschriebene Geschichte musst du am Schluss noch einmal überarbeiten. Aber es ist sinnvoll, beim Schreiben die einzelnen Teile deiner Erzählung zu überarbeiten, damit du am Ende nicht alles auf einmal verbessern musst. Gehe deinen Text lieber mehrmals durch und schau dabei jeweils auf unterschiedliche Schwerpunkte: Richte deine **Textlupe** auf genau eine bestimmte Sache, um diese zu verbessern.

**1** Prüfe die Einleitungen von Ole und Jana:

a Sind die Fragen „Wo?", „Wann?" und „Wer?" beantwortet? Markiere Informationen, die diese Fragen beantworten, in unterschiedlichen Farben. Unterstreiche in der Spalte rechts die richtige Antwort.

b Schreibe neben jede Einleitung, wie der Text auf dich wirkt. Du kannst dafür eines der folgenden Wörter aussuchen.

| langweilig | kompliziert | verständlich | spannend | lustig |
| --- | --- | --- | --- | --- |

| verwirrend | durcheinander | geordnet | unverständlich |
| --- | --- | --- | --- |

Ole:

*Der Zoohändler suchte etwas. Die Kinder schauten sich die Tiere an. Zwei besonders süße Kaninchen kamen neugierig näher. Der Zoohändler sah so aus, als ob er etwas suchte. Aber die Kinder waren fröhlich, vor allem der Junge sah fröhlich aus, aber das Mädchen auch. Sie war etwas kleiner, vielleicht seine Schwester.*

a Sie beantwortet die W-Fragen: ja/nein.
b Oles Einleitung wirkt

_____ .

Jana:

*Es war Juli. Am späten Nachmittag gingen Lena und Tim nach dem Sportunterricht heim. „Komm, ich zeige dir, welches ich mir ausgesucht habe!", rief Tim und zog Lena hinter sich her in die Zoohandlung. Er hatte nur Augen für die Kaninchen, und so fiel ihm auch nicht weiter auf, dass der Zoohändler angestrengt nach etwas Ausschau hielt.*

a Sie beantwortet die W-Fragen: ja/nein.
b Janas Einleitung wirkt

_____ .

> Die **Einleitung** darf den Höhepunkt nicht vorwegnehmen! Sonst wird die ganze Geschichte langweilig. Deute die Spannung nur an. Gib deinen Figuren Namen.

**2** Schreibe nun selbst eine Einleitung, die Neugier weckt. Schreibe in dein Heft.

**3** Lies die beiden folgenden Textausschnitte aus den Hauptteilen von Jana und Ole.

**a** Kreuze an: Welchen Text findest du spannend?

▢ Jana:

*Tim schaute sich noch die Kaninchen an. Hinter ihm war jetzt eine Schlange. Tim drehte sich um und erschrak sehr, weil die Schlange ihn mit ihrer langen Zunge anzischte. Da lachte Lena.*

▢ Ole:

*Während Tim sich noch die Kaninchen anschaute, tauchte plötzlich und lautlos eine Schlange hinter Tim auf. Gerade als Tim sich umdrehte, um Lena etwas zu sagen, zischte die Schlange ihn mit ihrer langen Zunge an. Tim erschrak sehr. In dem Moment kicherte Lena laut los.*

**b** Begründe: Warum wirkt dieser Textauszug spannender?

Ich finde den Textauszug von _____ spannender, weil _____

_____

> **Spannungsmelder** fesseln die Aufmerksamkeit deiner Leserinnen und Leser und treiben die Spannung auf den Höhepunkt der Erzählung. Außerdem sorgen sie für mehr Abwechslung in deinen Formulierungen. Spannungsmelder sind z. B.:
>
> | | | | |
> |---|---|---|---|
> | *auf einmal* | *gerade als ..., da* | *blitzartig* | *plötzlich* |
> | *unerwartet* | *in dieser Sekunde* | *ohne Vorwarnung* | *in dem Moment* |

**4** Der erste Erzählschritt des Hauptteils ist in Bild 2 dargestellt.
Erzähle dazu den ersten Teil des Hauptteils und verwende Spannungsmelder.

_____

_____

_____

_____

_____

**5** Überarbeite den Textabschnitt, den du für Aufgabe 4 geschrieben hast:
Hast du Spannungsmelder verwendet? Schreibe sie über die Zeile,
wo du sie ergänzen möchtest.

**6** Alle Textausschnitte von Seite 27 bis hierher sind in demselben Tempus geschrieben.
Stelle fest, welches es ist, und ergänze die Regel im Merkwissen.

> Eine Geschichte wird im _____ erzählt.

# Schreiben: Spannend und anschaulich erzählen

Das hilft dir, den Hauptteil spannend und anschaulich zu gestalten:
- Verwende ausdrucksstarke, **treffende Verben,** z. B.: *erstarren, zischeln.*
- Finde anschauliche, **genau beschreibende Adjektive**, z. B.: *niedlich, gefährlich, hinterlistig.*
- Teile die **Gefühle und Gedanken** einer Figur mit, z. B.: *Wie ein Blitz fuhr es ihm durch die Glieder. – Vor Schreck zu Stein erstarrt ... – Sie schüttelte sich vor Lachen. – Vor Erleichterung ...*
- Setze **wörtliche Rede** ein (siehe auch Seite 27), z. B.: *„O Schreck!" – „Immer mit der Ruhe."*
- Baue **Spannungsmelder** ein, siehe dazu Seite 29.

**1** Ole hat den Höhepunkt seiner Erzählung ausgearbeitet. Lies den Textausschnitt unten.

**a** Leider hat Ole viele Fehler gemacht. Wende die Textlupe an und kreuze an, was man verbessern könnte, um spannender und anschaulicher zu erzählen:

| Muss verbessert werden ... | ja | nein |
|---|---|---|
| – mehr ausdrucksstarke, treffende Verben | ☐ | ☐ |
| – mehr anschauliche, genau beschreibende Adjektive | ☐ | ☐ |
| – Gefühle und Gedanken schildern | ☐ | ☐ |
| – wörtliche Rede | ☐ | ☐ |
| – Spannungsmelder | ☐ | ☐ |
| – Tempus: Präteritum | ☐ | ☐ |

**b** Markiere die Fehler im Text und notiere Verbesserungsvorschläge über der Zeile.

*Tim guckte noch auf die Kaninchen, aber Lena zeigte auf die Schlange. „Guck mal!", sagt Lena. „Das da finde ich auch schön", sagt sie. Tim drehte sich um und rief „Hilfe!", weil da die Schlange war. Lena lacht. Der Zoohändler freut sich. Er sucht die Schlange ja schon die ganze Zeit. Aber Tim ist total erschrocken und sieht ganz blass aus. Der Zoohändler nimmt die Schlange hoch, während Lena immer noch lachte. „Ich wusste gar nicht, dass du so große Angst vor kleinen Tieren hast!", sagte sie.*

**c** Schreibe den Text mit deinen Verbesserungen neu.

_____

_____

_____

_____

_____

_____

**Treffende Verben,** die man statt „sagen" verwenden kann ...

| | |
|---|---|
| *sprechen* | *erzählen* |
| *brüllen* | *schimpfen* |
| *schnauben* | *schreien* |
| *rufen* | *flüstern* |
| *antworten* | *fragen* |
| *erklären* | *bemerken* |
| *betonen* | *donnern* |
| *vermuten* | *wispern* |
| *prusten* | *kichern* |
| *poltern* | *behaupten* |

Der **Schluss** löst die Spannung auf und rundet die Geschichte ab.
Für den **Schlusssatz,** gibt es verschiedene Möglichkeiten. Du kannst zum Beispiel:
– auf den Beginn der Erzählung oder die Aussage einer Figur zurückgreifen, z. B.:
  *„Du hattest recht", kicherte Lena, „hier gibt es wirklich süße Tiere!"*
– einen Denkanstoß geben, z. B.: *Wer Tiere hält, muss gut auf sie achten!*
– oder die Geschichte ausklingen lassen, z. B.:
  *Manchmal kam Tim noch in die Zoohandlung, um nach der Schlange zu sehen.*

**2** Schreibe einen Schluss für die Erzählung, der zu Bild 4 passt.
Schreibe ins Heft und denke an den Schlusssatz.

Jede Erzählung braucht eine **Überschrift.** Sie soll die Leser neugierig machen, aber noch nicht alles verraten.

**3** Kreuze an, welche der folgenden Überschriften für die Geschichte dir am besten gefällt.

☐ Schwein gehabt!          ☐ Entdeckung mit Schrecken

☐ Halb so wild             ☐ Haustier für Abgebrühte

**4** Formuliere eine eigene Überschrift.

**5** Schreibe nun die gesamte Erzählung zu den Bildern auf Seite 25 in dein Heft.
Überarbeite sie anschließend mit der Textlupe.

---

## Eine Erzählung schreiben und überarbeiten      **Checkliste** ✔

1. **Schritt: Planen**
   – **Sammle Ideen/Stoff** für deine Erzählung. Beantworte die Fragen „Wo?", „Wann?" und „Wer?"
     und auch die Frage „Was geschieht?"
   – **Gliedere den Stoff.** Eine Erzählung hat drei Teile: Einleitung, Hauptteil und Schluss.
     Die Lesefieber-Kurve (S. 27) hilft, die Erzählung **sinnvoll aufzubauen.**

2. **Schritt: Schreiben**
   – Halte dich beim Schreiben an die **Lesefieber-Kurve.**
   – Gestalte den Hauptteil **spannend** und **anschaulich:**
     • Verwende ausdrucksstarke, **treffende Verben.**
     • Finde anschauliche, **genau beschreibende Adjektive.**
     • Teile die **Gefühle und Gedanken** einer Figur mit.
     • Setze **wörtliche Rede** ein (s. S. 27).
     • Baue **Spannungsmelder** ein (s. S. 29).
   – **Tempus:** Schreibe im **Präteritum.** An spannenden Stellen oder in der wörtlichen Rede
     kannst du auch das Präsens verwenden.

3. **Schritt: Überarbeiten**
   – Überarbeite und verbessere deinen Text während des Schreibens fortlaufend.
     Achte dabei immer nur auf bestimmte Gestaltungsmerkmale (z. B. Tempus, Verben, Adjektive usw.).
   – Überarbeite am Schluss **Rechtschreibung** (s. S. 33–47), **Grammatik** (s. S. 48–55) und **Zeichensetzung**
     und berichtige Fehler. Achte hier besonders auf die Zeichensetzung in der wörtlichen Rede.

# Zusatzangebot: Erzählen nach Bildern

 **1** Erzähle zu den folgenden Bildern eine vollständige Geschichte.
Beachte die Checkliste auf Seite 31 und schreibe in dein Heft.

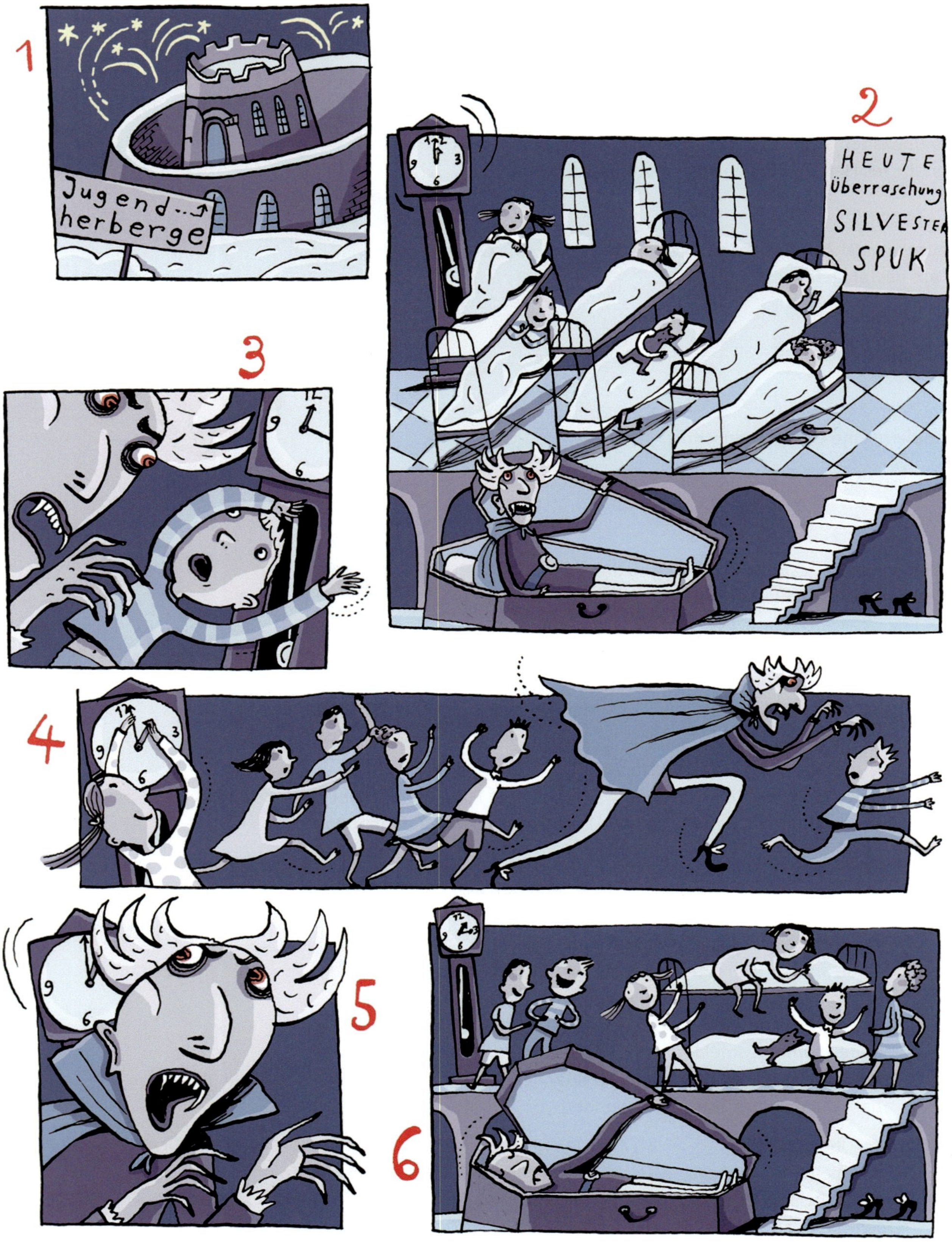

# Richtig schreiben: Die Rechtschreib-Strategien

**1** Welche Strategien helfen dir, Rechtschreibfehler zu vermeiden?
Arbeite den folgenden Fragebogen durch. Kreuze an.

## Was weiß ich über Rechtschreibung?

### Fragebogen ?

| | Das kann ich. | Das kann ich nicht. | Hier kannst du es lernen. |
|---|:---:|:---:|---|
| Ich kann lange Wörter problemlos richtig schreiben. | ☐ | ☐ | S. 34–35 |
| Ich kann Wörter deutlich in Silben einteilen. | ☐ | ☐ | S. 34–35 |
| Ich kann beim Schreiben in Silben mitsprechen. | ☐ | ☐ | S. 34–35 |
| Ich kann Wörter verlängern. | ☐ | ☐ | S. 36–37 |
| Ich weiß, wann man Wörter verlängern muss. | ☐ | ☐ | S. 36–37 |
| Ich kann zusammengesetzte Wörter in ihre Bestandteile zerlegen. | ☐ | ☐ | S. 38–39 |
| Ich weiß, wann ich Wörter zerlegen muss. | ☐ | ☐ | S. 38–39 |
| Ich kann Wörter ableiten. | ☐ | ☐ | S. 40 |
| Ich weiß, wann ich Wörter ableiten muss. | ☐ | ☐ | S. 40 |
| Ich weiß, wann man Wörter mit doppelten Konsonanten schreibt. | ☐ | ☐ | S. 42–43 |
| Ich kann die Regel zur Schreibung doppelter Konsonanten sicher anwenden. | ☐ | ☐ | S. 43 |
| Ich weiß, wann man Wörter mit *ie* schreibt. | ☐ | ☐ | S. 44 |
| Ich kann die Regel zur *ie*-Schreibung sicher anwenden. | ☐ | ☐ | S. 44 |
| Ich weiß, wann man Wörter mit *ß* schreibt. | ☐ | ☐ | S. 45 |
| Ich kann die Regel zur *ß*-Schreibung sicher anwenden. | ☐ | ☐ | S. 45 |
| Ich weiß, wann man Wörter großschreibt. | ☐ | ☐ | S. 46–47 |
| Ich kann die Regeln zur Großschreibung in Texten sicher anwenden. | ☐ | ☐ | S. 46–47 |

**2** Werte den Fragebogen aus: Wo bist du unsicher?
Die Spalte rechts außen zeigt dir, auf welchen Seiten du diese Rechtschreib-Strategien gezielt trainieren kannst.

**3** Arbeite den Fragebogen ein zweites Mal durch, nachdem du die Seiten 34 bis 47 bearbeitet hast.
Nimm nun einen roten Stift, dann siehst du sofort, wo du sicherer geworden bist.

**4** Bei welcher Rechtschreib-Strategie fühlst du dich am sichersten? Notiere.

# Strategie 1: Schwingen

## Wörter deutlich sprechen und in Silben lesen

**1** **a** Schreibe diese langen Wörter ab.

Sauerkirschmarmelade ☐ _____

Aprikosenkuchenstücke ☐ _____

Wassermelonensuppe ☐ _____

Pampelmusenstreifen ☐ _____

Schokoladenkuchen ☐ _____

**b** Hattest du beim Abschreiben Probleme? Dann kreuze das Wort oder diese Wörter an.

**c** Überlege, warum dir das Schreiben langer Wörter manchmal schwerfällt.
Kreuze an, was für dich zutrifft.

☐ Ich kann mir lange Wörter nicht so gut merken.

☐ Beim Schreiben komme ich mit den Buchstaben durcheinander.

☐ Ich vergesse Buchstaben.

☐ Ich schreibe zu viele Buchstaben.

☐ Ich habe Angst, Fehler zu machen.

## Keine Angst vor langen Wörtern

**2** Gehe beim Abschreiben der folgenden langen Wörter so vor:
<u>Vor dem Schreiben:</u> Lies die Wörter laut und deutlich in Silben.
Du kannst mit der Schreibhand einen Bogen durch die Luft ziehen.
<u>Beim Schreiben:</u> Sprich die Wörter deutlich in Silben mit. Sprich nicht schneller, als du schreibst.
<u>Nach dem Schreiben:</u> Kontrolliere, was du geschrieben hast, indem du einen Silbenbogen unter jede Silbe ziehst.

Zitronenfalterflügel _Zi tro nen fal ter flü gel_____

Wanderrattennasen _____

Elefantenrüsselknorpel _____

Kakerlakententakeln _____

Zebraspinnenbeine _____

**3** **a** Überlege, ob du die Wörter von Aufgabe 2 besser abschreiben konntest als die von Aufgabe 1.

**b** Schwinge auch die langen Wörter von Aufgabe 1.

# Wörter werden aus Silben gebildet

**1** Lies die folgenden Wörter sehr deutlich.

| | | | |
|---|---|---|---|
| die Buche | die Hecke | die Butter | die Blume |
| die Pflanzen | die Sorten | die Blüten | die Formen |
| der Salat | die Gärten | die Tomaten | der Samen |
| die Kartoffel | die Knollen | die Ananas | die Früchte |
| die Rosen | die Dornen | die Tulpen | die Zwiebeln |

Tipp:
Die **Vokale** sind
das **Zentrum einer Silbe.**

**2 a** Markiere alle betonten Silben, die mit einem Vokal enden, <u>rot</u>. Man nennt sie offen.
**b** Markiere alle betonten Silben, die mit einem Konsonanten enden, <u>grün</u>. Man nennt sie geschlossen.
**c** Welche Buchstaben sind Vokale? Schreibe sie auf.

Vokale: _____

**d** Welche Buchstaben sind Konsonanten? Schreibe sie auf.

Konsonanten: _____

**3** Finde die dreisilbigen Wörter in Aufgabe 1 und notiere sie hier.

_____

**4** Bilde mit den Wörtern aus Aufgabe 1 lange Wörter. Du kannst sie mehrfach verwenden.

Wörter mit <u>vier</u> Silben: _____

Wörter mit <u>fünf</u> Silben: _____

Wörter mit <u>sechs</u> Silben: _____

**5** Lange Wörter bestehen aus Silben.
**a** Schreibe die folgenden Pflanzennamen ab. Schwinge sie vorher.
Gehe dazu vor wie auf Seite 34 beschrieben.
**b** Prüfe, ob in jeder Silbe ein Vokal steckt. Markiere ihn rot.

Sumpfstorchenschnabel _____

Karpatenglockenblume _____

Zitronenmelisse _____

Granatapfelbaum _____

# Strategie 2: Verlängern

Die Laute **g**, **b** und **d** werden nicht an allen Stellen im Wort gleich gesprochen.

**1** Lies die folgenden Wörter laut.

**a** Unterlege sie mit einem Silbenbogen und markiere die Buchstaben, die man anders spricht, als man sie schreibt.

| | | | |
|---|---|---|---|
| die Bur gen | die Wege | | |
| der Bogen | die Dose | | |

| | | | |
|---|---|---|---|
| die Bur**g** | der Weg | der Wald | das Rad |
| der Stab | das Bad | das Lob | der Trog |

**b** Wo hört man Buchstaben beim Sprechen anders, als man sie schreibt?
Kreuze an, wo sich die Problemstellen befinden.

☐ am Wortanfang      ☐ in der Wortmitte      ☐ am Wortende

**c** Ergänze, was du herausgefunden hast.

**b** spricht man wie _____ ,   **g** spricht man wie _____ ,   **d** spricht man wie _____ .

**2** **a** Lies die folgenden Wörter laut.
Unterlege sie mit Silbenbögen und markiere, wo man anders spricht, als man schreibt.

| | | | | |
|---|---|---|---|---|
| der Ball | der Schwamm | der Bann | das Fell | schlapp |
| der Hall | der Kamm | der Mann | hell | der Stopp |

**b** Kreuze an, wo sich die Problemstellen befinden.

☐ am Wortanfang      ☐ in der Wortmitte      ☐ am Wortende

**3** Du kannst die Schreibweise der Wörter in Aufgabe 1 und 2 beweisen, indem du die Wörter verlängerst.

die Bur**g** – die Bur gen          der Ball – die Bäl le

**Verlängern** heißt: eine **Silbe anhängen**.

**a** Markiere in den Wörtern in den Aufgaben 1 und 2 alle unklaren Stellen mit diesem Strategiezeichen ↷.
**b** Beweise die Schreibweisen dieser Wörter durch Verlängern. Gehe vor wie im Beispiel oben.

_____

_____

_____

_____

# Zweisilber mit unklarem Wortende

**1**

**a** Lies die folgenden Wörter laut.

**b** Unterlege sie mit Silbenbögen und markiere die Stelle, wo man sie anders spricht, als man sie schreibt, mit dem Strategiezeichen. Beweise die Schreibweise durch Verlängern.

der An zug, *die An zü ge*

der Antrag _____     der Bussard _____     der Anschub _____

der Anzug _____     der Abend _____     das Eigelb _____

**c** Kreuze an, wo sich die (unklaren) Problemstellen befinden.

☐ am Wortanfang          ☐ in der Wortmitte          ☐ am Wortende

**2**

**a** Lies die folgenden Wörter laut.

**b** Unterlege sie mit Silbenbögen und markiere die Stelle, wo man anders spricht, als man schreibt, mit dem Strategiezeichen. Beweise die Schreibweise durch Verlängern.

> Manche Wörter sind zu kurz zum Schwingen, obwohl sie zwei Silben haben. **Schau** sie dir **genau** an!

der Anpfiff _____     der Gewinn _____

das Programm _____     der Abfall _____

der Anfall _____     der Kristall _____

**c** Kreuze an, wo sich die (unklaren) Problemstellen befinden.

☐ am Wortanfang          ☐ in der Wortmitte          ☐ am Wortende

> Tipp: Prüfe Einsilber und das unklare Ende eines Wortes immer, indem du **verlängerst.**

**3** Schwinge die folgenden Wörter und markiere unklare Stellen. Beachte Kängoos Tipp. Kreuze die Wörter an, die du verlängern musst.

☒ der Stamm          ☐ das Fell          ☐ das Feld          ☐ das Geld

☐ der Mann          ☐ der Ball          ☐ der Rand          ☐ der Anfall

☐ der Pfeffer          ☐ der Abzug          ☐ der Bezug          ☐ das Pferd

**4** Beweise die Schreibweise der Wörter, die du angekreuzt hast, durch Verlängern.

*die Stäm me,* _____

_____

_____

_____

# Strategie 3: Zerlegen

## Zusammengesetzte Wörter

Manche Wörter sind zu kurz zum Schwingen, obwohl sie zwei Silben haben.
**Schau** sie dir **genau** an!

**1**
a Lies die Wörter in den beiden Kästen und unterlege sie mit Silbenbögen.
b Markiere, wo man anders spricht, als man schreibt.

Kasten 1

das Band      der Strand      der Wald

der Stopp      das Bett      die Hand

Kasten 2

die Würmer      die Körbe      die Schuhe

die Brände      die Schilder      das Laken

c Kreuze an, was zutrifft.

Die Wörter mit Stellen, die unklar sein können, befinden sich in ☐ Kasten 1    ☐ Kasten 2

**2**
a Setze bei den Wörtern aus Kasten 1 und Kasten 2 das Strategiezeichen für das Verlängern an die Problemstellen.
b Erkläre mit eigenen Worten, warum man bei diesen Wörtern unsicher sein kann.

_____

**3** Wenn du aus den Wörtern aus Kasten 1 und Kasten 2 zusammengesetzte Wörter bildest, bleibt die Verlängerungsstelle erhalten.

das Ban**d** – die Würmer  = die Band|würmer – denn die Bänder

Bilde weitere vier Wörter und zerlege sie wie im Beispiel.

_____        _____

_____        _____

**4** In den folgenden zusammengesetzten Wörtern kannst du acht Verlängerungszeichen setzen, wenn du sie zerlegst. Beweise die Schreibweise durch die Verlängerungswörter.

der Bergwanderweg _____ und _____

der Nordwind _____ und _____

das Schlammbad _____ und _____

das Klapprad _____ und _____

**Tipp:** Prüfe zusammengesetzte Wörter, indem du die Grenze zwischen den Wörtern markierst.
Dann findest du Einsilber und unklare Auslaute, die du durch Verlängern klären kannst.

# Wörter mit Wortbausteinen

**1** Die folgenden Wörter sind mit Wortbausteinen zusammengesetzt.
Auch in ihnen verstecken sich Verlängerungsstellen.
Du findest sie, wenn du die Wortbausteine abtrennst und prüfst,
wo du anders sprichst, als du schreibst.

freundlich – denn die Freunde

die Freundschaft – denn die Freunde

> **Wortbausteine** sind z. B.
> Silben, die man vor oder hinter
> ein Wort stellen kann.

**a** Beweise die Schreibweise der folgenden Wörter durch das Verlängerungswort.
Gehe vor wie im Beispiel.

die Sammlung – denn _____    die Herrschaft – denn _____

der Händler – denn _____    die Packung – denn _____

das Wäldchen – denn _____    das Bändchen – denn _____

das Wagnis – denn _____    die Dummheit – denn _____

**c** Ergänze, was du herausgefunden hast.

Diese Wortbausteine (Endungen) kennzeichnen Nomen: _____

**2** **a** Übe das Zerlegen an den folgenden Wörtern. Gehe so vor:
Umkreise die Wortbausteine, die vorn oder hinten stehen.
**b** Schwinge das übrig gebliebene Wort und markiere die unklare Stelle mit dem Strategiezeichen für
Verlängern. Beweise, wo es notwendig ist, die Schreibweise durch das Verlängerungswort.

freundlich _____    essbar _____

lieblich _____    erkennbar _____

feindlich _____    dümmlich _____

endlich _____    schaffbar _____

trennbar _____    stündlich _____

glaubhaft _____    nützlich _____

**b** Ergänze, was du herausgefunden hast.

Diese Wortbausteine (Endungen) kennzeichnen Adjektive: _____

_____

# Strategie 4: Ableiten

## ä und äu

**1 a** Lies die Wörter deutlich in Silben.
Markiere die Vokale, die man verwechseln kann.

| lecker    die Welle    die Decke |

| der Bäcker    die Wälle   die Dächer |
_____

**b** Ergänze, was du herausgefunden hast.

Die Vokale _____ und _____ kann man leicht verwechseln.

> **Ableiten** ist ganz einfach:
> Es gilt nur für die **Vokale ä und äu.**
> Zeichne das Strategiezeichen über diese Vokale. Nur sie musst du ableiten, sonst nichts:
> Suche ein verwandtes Wort.

**2** So kannst du herausfinden, ob ein Wort mit **ä** oder **e** geschrieben wird:
Normalerweise schreibt man **e**.
Prüfe, ob es ein verwandtes Wort mit **a** gibt: Nur dann schreibt man **ä**.
Schreibe in Aufgabe 1 die Beweiswörter unter die Wörter mit **ä**.

der Bäcker – Beweiswort **backen**

**3** Auch bei den Doppellauten besteht Verwechslungsgefahr: Eu/eu oder Äu/äu?
**a** Lies die folgenden Wörter deutlich in Silben.

| die Beute    die Meute    heute |

| die Bräute    läuten   die Häute |
_____

**b** Ergänze, was du herausgefunden hast.

Die Doppellaute _____ und _____ kann man leicht verwechseln.

Man schreibt <u>äu</u>, wenn man ein verwandtes Wort mit _____ findet.

**c** Setze das Strategiezeichen 🗲 und schreibe die Beweiswörter bei Aufgabe 2 unter die Wörter mit **äu**.

**4** In diesem Satz fehlen alle <u>ä/e</u> oder <u>äu/eu</u>. Setze richtig ein.

Die n_____chtlichen Tr_____me  w_____cken mich r_____gelm_____ßig und lassen mich t_____glich

müde und schl_____frig sein. Das g_____ht mir uns_____glich auf den W_____cker.

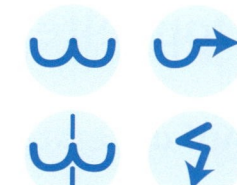

# Alle Strategien anwenden: Ein Diktat vorbereiten

**1** a Schwinge die Wörter in diesem Text.

b Prüfe, wo du weitere Strategien anwenden musst, um die Schreibweise zu erklären. Diese Strategiezeichen könntest du unterbringen. Wie viele schaffst du?

33 x    3 x    2 x

Friedrich Güll

### Dreiunddreißig Rätsel

Wer von euch ist klug und fleißig?

Dreiunddreißig Rätsel weiß ich.

Spitzt das Ohr und spitzt die Feder,

Und nun schreib sich auf ein jeder:

5 Welche Uhr hat keine Räder,

Welcher Schuh ist nicht von Leder,

Welcher Stock hat keine Zwinge,

Welche Schere keine Klinge?

Welches Fass hat keinen Reif,

10 Welches Pferd hat keinen Schweif,

Welches Häuschen hat kein Dach,

Welche Mühle keinen Bach?

Welcher Hahn hat keinen Kamm,

Welcher Fluss hat keinen Damm,

15 Welcher Bock hat keine Haut,

Welches Glöckchen keinen Laut?

Welcher Kamm ist nicht von Bein,

Welche Wand ist nicht von Stein,

Welche Kuh hat gar kein Horn,

20 Welche Rose keinen Dorn?

Welcher Busch hat keinen Zweig,

Welcher König hat kein Reich,

Welcher Mann hat kein Gehör,

Welcher Schütze kein Gewehr?

25 Welcher Schlüssel sperrt kein Schloss,

Welchen Karren zieht kein Ross,

Welches Futter frisst kein Gaul,

Welche Katze hat kein Maul?

Welcher Bauer pflügt kein Feld,

30 Welcher Spieler verliert kein Geld,

Welcher Knecht hat keinen Lohn,

Welcher Baum hat keine Kron'?

Welcher Fuß hat keine Zeh',

Welcher Streich tut keinem weh,

35 Welcher Wurf und Stoß und Schlag?

Rat nun, wer da kann und mag!

Kannst du die Rätsel lösen?

**2** Einige Wörter werden mit einem h geschrieben, das man nicht hören kann. Markiere sie, weil du sie dir merken musst.

**3** Lass dir einige Strophen aus dem Gedicht diktieren.

# Doppelte Konsonanten

## Auf die erste Silbe kommt es an

Wann verdoppelt man Konsonanten? Um diese Frage zu beantworten, brauchst du dein Wissen über den **Bau der Silben.**

**1**

a Schwinge diese Wörter.

b Markiere die erste (betonte) Silbe <u>rot</u>, wenn sie mit einem Vokal endet. Dann nennt man sie offen.
Markiere sie <u>grün</u>, wenn sie mit einem Konsonanten endet. Dann nennt man sie geschlossen.

| | | |
|---|---|---|
| die Hüte – die Hütte | die Rose – die Rosse | beten – die Betten |
| die Rate – die Ratte | die Masern – die Masse | lesen – lassen |
| der Rogen – der Roggen | die Robe – die Robbe | die Wale – die Welle |
| treten – die Tritte | kamen – kommen | die Luke – die Lücke |

c Jetzt hast du die erste Regel gefunden. Ergänze sie:

Wenn die erste (betonte) Silbe _____ ist, wird der Konsonant nicht verdoppelt.

Man verdoppelt nur, wenn die erste (betonte) Silbe _____ ist.

Achtung:
kk = **ck**
zz = **tz**

**2** Setze ein.

b oder bb?  der Ho____el  die Kra____e  der Ne____el  die E____e  die Ro____e

g oder gg?  der Na____el  die Fla____e  die We____e  die E____e  die Sa____e

m oder mm?  die Hu____el  der Hi____el  der Kü____el  der Krü____el  die A____e

k oder ck?  die La____en  die La____e  die Ja____e  der Za____en  die Ze____e

**3** Um die Regel anzuwenden, brauchst du zwei Silben. Deshalb musst du Einsilber verlängern.
Lege in deinem Heft eine Tabelle nach folgendem Muster an.

| Erste Silbe ist offen, einfacher Konsonant | Erste Silbe ist geschlossen, doppelter Konsonant |
|---|---|
| … | … |

Verlängere diese einsilbigen Wörter und trage sie in die Tabelle im Heft ein.

| | | | | | | | |
|---|---|---|---|---|---|---|---|
| summt | brummt | schreibt | bellt | dumm | meint | kommt | kämmt |
| fragt | spannt | schwimmt | kennt | der Ball | der Wall | der Wal | |
| das Fett | hell | dünn | grell | glatt | malt | bleibt | |

# Wörter mit Wortbausteinen

Es gibt eine weitere Regel für die Konsonantenverdopplung. Sie ergänzt die Regel 1.

Die **Silbengrenze** ist die Grenze zwischen den beiden Silben im Wort.

**1** Warum haben die Wörter im Kasten 1 einen doppelten Konsonanten, die Wörter im Kasten 2 aber nicht?

**a** Schwinge die Wörter und achte auf die erste Silbe.

| Kasten 1 | | |
|---|---|---|
| hal⏜len | die Wolle | der Sommer |
| der Pummel | wimmeln | die Welle |
| die Kelle | sammeln | die Koffer |

| Kasten 2 | | |
|---|---|---|
| hal⏜ten | die Wolke | die Stürme |
| die Pumpe | die Pulte | die Welten |
| der Kelte | samten | klopfen |

**b** Markiere die beiden Buchstaben an der Silbengrenze.

**c** Vergleiche und kreuze für jede Aussage an, ob sie richtig oder falsch ist.

| | richtig | falsch |
|---|---|---|
| A In beiden Kästen ist die erste Silbe offen. | ☐ | ☐ |
| B In beiden Kästen ist die erste Silbe geschlossen. | ☐ | ☐ |
| C Im Kasten 1 stehen zwei verschiedene Konsonanten an der Silbengrenze. | ☐ | ☐ |
| D Im Kasten 2 stehen zwei gleiche Konsonanten an der Silbengrenze. | ☐ | ☐ |

**2** Ergänze die Regel.

Wenn die erste Silbe _____ ist, stehen an der Silbengrenze

immer zwei Konsonanten. Das sind entweder zwei _____

oder zwei _____ Konsonanten.

Diese Wörter können dir helfen: *verschieden, gleich, geschlossen.*

**3** Verlängere diese Wörter und trage sie in den richtigen Kasten bei Aufgabe 1 ein.

| schenkt | denkt | brummt | summt | tropft | nennt | klopft | kennt |

# Wann schreibt man ie?

## Auf die erste Silbe kommt es an

Erinnere dich:
**Offene Silben** enden mit einem Vokal, **geschlossene Silben** enden mit einem Konsonanten.

**1** Wenn du vorgehst wie bei der Konsonantenverdoppelung (S. 42), findest du heraus, wann man ie schreibt:
- **a** Schwinge die Wörter in den beiden Kästen.
- **b** Markiere die erste Silbe rot, wenn sie offen ist.
  Markiere die erste Silbe grün, wenn sie geschlossen ist.

| Wörter mit **i** | Wörter mit **ie** |
|---|---|
| die Kinder   die Rinder   kitzeln | die Diebe   die Siebe   wiegen |

**c** Ergänze die von dir gefundene Regel.

Wenn die erste Silbe geschlossen ist, schreibt man _____ .

Wenn die erste Silbe offen ist, schreibt man _____ .

**2** Untersuche auch diese Wörter und entscheide: i oder ie? Trage richtig ein.

f_____nden          der R_____gel          der Sp_____gel

die Sp_____tze        die S_____lbe          die Zw_____bel

**3** Um die Regel für das ie anzuwenden, brauchst du unbedingt die zweisilbige Form des Wortes.
Verlängere diese Wörter, um das ie oder i zu beweisen.

der Krieg – denn die Krie ge      das Rind – denn die Rin der

tief – denn _____      das Schild – denn _____

der Dieb – denn _____      das Bild – denn _____

er fliegt – denn _____      er siegt – denn _____

**4** Zusammengesetzte Wörtern musst du zerlegen, um die Schreibung zu begründen.

Bei|spiel – denn spie len      das Rind|fleisch – denn Rin der

Prüfe und setze richtig ein: i oder ie?

die Sp_____lzeugmaus _____      die Fl_____ßgeschwindigkeit _____

das Z_____lfernrohr _____      der Br_____fkopf _____

# Wann schreibt man ß?

## Auf die erste Silbe kommt es an

Das **ß** ist ein besonderer Buchstabe der deutschen Sprache. Doch wann schreibt man ihn? Das findest du heraus, wenn du ihn mit dem **s** vergleichst.

**1** Gehe so vor:
Schwinge die Wörter in den beiden Kästen.
Untersuche die erste Silbe, indem du sie markierst.
Lies die Wörter laut und achte auf die Aussprache.

| Wörter mit **s** |
| --- |

reisen   die Meise   die Mäuse   die Hasen

die Weise   leise   tausend   der Rasen

| Wörter mit **ß** |
| --- |

draußen   außen   die Maße   heißer

reißen   die Straße   grüßen   fleißig

**2** Vergleiche deine Ergebnisse und kreuze für jede Aussage an, ob sie richtig oder falsch ist.

|  | richtig | falsch |
| --- | --- | --- |
| A  Bei den Wörtern beider Kästen ist die erste Silbe offen. | ☐ | ☐ |
| B  Bei den Wörtern beider Kästen ist die erste Silbe geschlossen. | ☐ | ☐ |
| C  s und ß spricht man gleich. | ☐ | ☐ |
| D  s und ß spricht man unterschiedlich. | ☐ | ☐ |
| E  s spricht man summend (wie bei **s**ummen). | ☐ | ☐ |
| F  ß spricht man zischend (wie bei flie**ß**en). | ☐ | ☐ |

**3** In einsilbigen Wörtern hören sich s und ß gleich an.
Lies die folgenden Wörter laut und prüfe, ob diese Aussage stimmt.
Beweise die Schreibweise durch Verlängern. Setze die fehlenden Buchstaben ein.

er heißt – _____

er reißt – _____

der Flei____ – _____

das Ga____ – _____

er weist – _____

der Gruß – _____

der Spa____ – _____

er bei____t – _____

er gießt – _____

das Gras – _____

der Fu____ – _____

er rei____t – _____

# Nomen erkennen und großschreiben

**Probe 1:** Nomen erkennt man an ihren **Artikeln.**

**1** Kreuze an, welche Wörter Nomen sind.
Schreibe sie mit ihren Artikeln auf die Linien.

☐ wind _____   ☐ wellen _____   ☐ regen _____

☐ nebel _____   ☐ sturm _____   ☐ hell _____

☐ heftig _____   ☐ gewitter _____   ☐ blitz _____

☐ donner _____   ☐ einschlag _____   ☐ laut _____

☐ warm _____   ☐ grau _____   ☐ sommer _____

**Probe 2:** Nomen kann man durch ein (oder mehrere) **Adjektiv(e)** genauer beschreiben.

**2** Beweise, dass die bei Aufgabe 1 angekreuzten Wörter Nomen sind.
Füge ein Adjektiv von Aufgabe 1 hinzu und schreibe die Wortgruppen auf.

*der warme Sommer,* _____

_____

**Probe 3:** Nomen kann man **zählen** oder mit einer **Menge** angeben (z. B. *viel, wenig, manche*).

**3** Beweise, dass die von dir angekreuzten Wörter Nomen sind, indem du sie mit einem Zahladjektiv verwendest.
Schreibe die Wortgruppen auf.

*einige Sommer, drei Wellen* _____

_____

**4** Bilde einen Unsinnssatz, in dem du mindestens drei Nomen verwendest. Unterstreiche diese.

*Die niedlichen Gewitter machen mir wegen der netten Blitze große Freude.*

_____

**5** Finde Obst und Gemüse! In dem folgenden Gitterrätsel sind waagerecht 15 Nomen versteckt.
Finde sie und schreibe sie mit einem Beweiswort auf (Artikel, Zahladjektiv oder Adjektiv).

| T | O | M | A | T | E | N | B | I | R | N | E | Y |
|---|---|---|---|---|---|---|---|---|---|---|---|---|
| M | U | K | A | R | T | O | F | F | E | L | N | U |
| L | V | G | A | N | A | N | A | S | K | I | W | I |
| N | Q | I | Y | J | Y | U | B | A | N | A | N | E |
| J | Q | A | P | F | E | L | S | I | N | E | Ä | X |
| A | U | B | L | U | M | E | N | K | O | H | L | L |
| L | P | F | I | R | S | I | C | H | X | O | B | I |
| S | M | Y | E | E | C | P | F | L | A | U | M | E |
| Ä | C | S | A | L | A | T | M | E | L | O | N | E |
| N | T | B | L | N | Q | U | A | P | F | E | L | G |
| P | Ö | X | H | U | Ö | X | M | Ö | H | R | E | N |
| G | U | R | K | E | V | Z | Z | C | H | O | L | N |

_____

_____

_____

_____

_____

_____

_____

_____

**6** Wie wird das Wetter? Markiere die Nomen im folgenden Text.

wetterbericht für die nordseeküste

Am montag gibt es wolken und sonne im wechsel. Nur vereinzelt bilden sich schauer. Der wind weht aus richtungen. Am abend kommt es zu gewittern mit regengüssen und hagelschauern. Insgesamt passen die temperaturen nicht zum sommer, es ist eindeutig zu kalt für diese jahreszeit. Man sollte gummistiefel statt sandalen einpacken.

**7** a Überprüfe deine Lösung mit Hilfe einer der drei Proben auf Seite 46.
b Verändere den Text, indem du vor jedes Nomen ein Adjektiv setzt,
das es genauer beschreibt. Du kannst die Adjektive aus dem Kasten verwenden.
Schreibe den veränderten Text auf.

aktuell  deutsch
kommend  dicht
freundlich  schnell
leicht  stark
verschieden  spät
heftig  kräftig
unwetterartig
niedrig  früh
sommerlich  dick
leicht

_____

_____

_____

_____

_____

# Besser schreiben und verstehen: Grammatik

**1** Welche Kenntnisse helfen dir, Grammatikfehler zu vermeiden?
Arbeite den folgenden Fragebogen durch. Kreuze an.

## Was weiß ich über Grammatik?           Fragebogen ?

| | Das kann ich. | Das kann ich nicht. | Hier kannst du es lernen. |
|---|:---:|:---:|---|
| Ich weiß, was eine Umstellprobe ist. | ☐ | ☐ | S. 49 |
| Ich kann die Satzglieder eines Satzes mit der Umstellprobe bestimmen. | ☐ | ☐ | S. 49 |
| Ich weiß, was eine Ersatzprobe ist. | ☐ | ☐ | S. 50 |
| Ich kann Texte mit Hilfe der Umstell- und der Ersatzprobe verbessern. | ☐ | ☐ | S. 49–50 |
| Ich kenne die verschiedenen Funktionen von Subjekt und Objekt(en) im Satz. | ☐ | ☐ | S. 51–52 |
| Ich kann in einem Satz Subjekt und Prädikat bestimmen. | ☐ | ☐ | S. 51 |
| Ich kann in einem Satz ein Dativobjekt oder ein Akkusativobjekt erkennen. | ☐ | ☐ | S. 52 |
| Ich weiß, wann man Perfekt verwendet und wann Präteritum. | ☐ | ☐ | S. 54 |
| Ich kann Texte aus dem Präsens ins Perfekt und ins Präteritum umschreiben. | ☐ | ☐ | S. 55 |

**2** Werte den Fragebogen aus: Wo bist du unsicher?
Die Spalte rechts außen zeigt dir, auf welchen Seiten du gezielt trainieren kannst.

**3** Arbeite den Fragebogen ein zweites Mal durch, nachdem du die Seiten 49 bis 55 bearbeitet hast.
Nimm nun einen roten Stift, dann siehst du sofort, wo du sicherer geworden bist.

**4** Was soll auf <u>deiner</u> Mütze stehen, nachdem du mit den Übungen auf Seite 49 bis 55 fertig bist?
Zeichne oder klebe ein Bild von dir ein und zeichne dir eine Mütze auf das Bild.

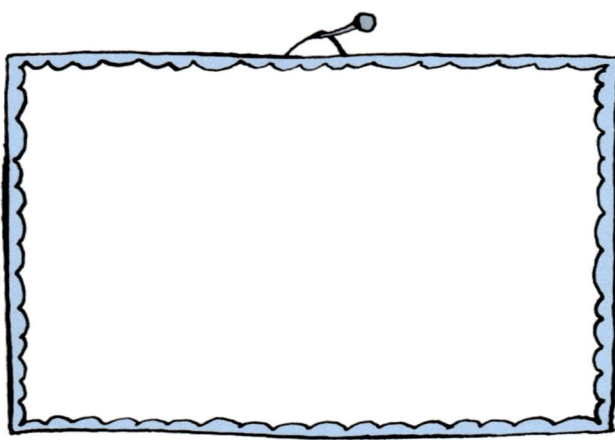

# Abwechslungsreich schreiben

## Satzglieder verschieben: Die Umstellprobe

**1** Josh beantwortet Nicks SMS zu Walen. In seiner Antwort sind die Satzglieder durcheinandergeraten. Finde für Joshs Antwortsatz drei unterschiedliche Sätze, die Nicks Frage beantworten: Wie trinken die Walbabys?

Hi, Josh, ich habe gerade gelesen, dass Walbabys nicht saugen können. Weißt du, wie sie trinken? LG Nick

Hi, Nick, ja, weiß ich: dem Baby spritzt die fette Milch die Walmutter in das geöffnete Maul. Alles klar? LG Josh

Satz 1: *Die Walmutter spritzt*

Satz 2: *Die fette Milch*

Satz 3: _____

> Wörter, die beim Umstellen zusammenbleiben, bilden ein Satzglied. Die Umstellung (Umstellprobe) hilft dir also, die **Satzglieder zu bestimmen.**

**2** Trage hier ein, welche Satzglieder Joshs Antwortsatz enthält.

*die fette Milch*

> Mit der Umstellprobe kannst du **Informationen an den Satzanfang** stellen, die du hervorheben möchtest.

**3** Stelle die Sätze so um, dass „Finnwale"/„Sie" nicht am Satzanfang stehen.

Finnwale halten eine Geschwindigkeit von 20 Stundenkilometern stundenlang durch.

*Stundenlang*

_____

Sie benötigen für diese Geschwindigkeit etwa 40 PS.

_____

> Die **Umstellprobe** hilft dir außerdem, **Satzanfänge abwechslungsreich zu gestalten.**
> Ein eisiger Wind / schneidet / mir / ins Gesicht.
> Mir / schneidet / ein eisiger Wind / ins Gesicht.
> Ins Gesicht / schneidet / mir / ein eisiger Wind.
>
> TEXT

# Wiederholungen vermeiden: Die Ersatzprobe

Mit der Ersatzprobe kann man **Wortwiederholungen vermeiden:**
– Verben kann man durch andere Verben ersetzen,
– Nomen durch andere Nomen oder Personalpronomen (wie z. B. ich, du, er/sie/es, … mir, mich …).

*Nach einer guten Stunde kommt der Pilot endlich.* <u>Der Pilot</u> *heißt Fred. Das Flugzeug* <u>heißt</u> *Twin Otter.*

*Nach einer guten Stunde kommt der Pilot endlich.* *Er heißt Fred. Das Flugzeug nennt sich Twin Otter.*

---

**1**  **Als Nick diese Mail an Josh vor dem Absenden noch einmal durchliest, fällt ihm auf, dass er sich ständig wiederholt hat.**

**a** Unterstreiche in <u>E-Mail 1</u> die Wiederholungen.
**b** Wende die Ersatzprobe an und trage in <u>E-Mail 2</u> passende Wörter ein, die Wiederholungen vermeiden.

> <u>E-Mail 1:</u> Hallo, Josh,
>
> ich habe wieder etwas über Wale gelesen. Wale haben ein eingebautes „Kühlsystem". Das „Kühlsystem"
> verhindert, dass die Wale beim Schnellschwimmen an Überhitzung sterben. Die Wale leiten mit dem Kühl-
> system über die Schwanzflosse Hitze ab. Ein Netz von Adern leitet kälteres Blut in die Muskeln. Dort wird
> das Blut warm. Das Blut wird dann in den Schwanz geleitet, wo das Blut sich wieder abkühlt.
>
> Tschüss Nick

> <u>E-Mail 2:</u> Hallo, Joshua,
>
> ich habe wieder etwas über Wale gelesen. _Sie_ haben ein eingebautes „Kühlsystem". _____ verhindert,
> dass die Wale beim Schnellschwimmen an Überhitzung sterben. _____ leiten mit dem Kühlsystem über
> die Schwanzflosse Hitze ab. Ein Netz von Adern _____ kälteres Blut in die Muskeln. Dort wird
> das Blut warm. _____ wird dann in den Schwanz geleitet, wo _____ sich wieder abkühlt.
>
> Tschüss Nick

**2**  **Ersetze die durchgestrichenen Wörter. Schreibe die Ersatzwörter darüber.**

---

Blauwale wiegen fast 150 Tonnen. ~~Blauwale~~ könnten an Land nicht leben. Das Gewicht ~~der Blauwal~~e würde

---

~~Blauwale~~ erdrücken. Deshalb ~~sind~~ Blauwale im Meer zu Hause. ~~Im Meer~~ gleicht der Auftrieb das Gewicht aus.

**3**  **Kombiniere Umstellprobe und Ersatzprobe: Verbessere den folgenden Text durch Umstellung und Ersetzen. Schreibe den verbesserten Text in dein Heft.**

Walbabys wachsen dank der fetten Milch ungeheuer schnell. Walbabys können täglich bis zu 100 Kilogramm zulegen. Walbabys brauchen auch schnell eine schützende Fettschicht. Den Walbabys hilft im ersten Lebensjahr die schützende Fettschicht auf der Reise in die kalten Gewässer um den Nordpol.

# Die wichtigsten Satzglieder kennen

| Satzglied | Funktion des Satzgliedes | Frage nach dem Satzglied | Beispiel |
|---|---|---|---|
| Prädikat | Das Prädikat ist der Kern des Satzes. Prädikate werden aus Verben gebildet. | | *Delfine besitzen eine eigene Sprache.* *Der Delfin hat den Jungen gerettet.* *Viele Menschen schauen den Delfinen im Zoo zu.* |
| Subjekt | Das Subjekt gibt an, wer oder was etwas tut, veranlasst … | Wer?/Was? → Das Subjekt steht im Nominativ. | *Delfine besitzen eine eigene Sprache.* Subjekt (Wer besitzt …?): *Delfine* |
| Objekte | Objekte erweitern Sätze. | Wem …? → Dativobjekt | *Viele Menschen schauen den Delfinen im Zoo zu.* Dativobjekt (Wem schauen …?): *den Delfinen* |
| | | Wen?/Was? → Akkusativobjekt | *Touristen sehen die Delfine im Meer in Freiheit.* Akkusativobjekt (Wen/Was sehen?): *die Delfine* |

**1** **Wer rettet wen? Fülle aus.**

**A** Dem 14-jährigen italienischen Jungen Davide Cece rettete ein Delfin das Leben.

Der Retter ist: _____  Der Gerettete ist: _____

**B** Ein 14-jähriger Junge rettete einem Delfin das Leben.

Der Retter ist: _____  Der Gerettete ist: _____

**2** **a** **Erkläre deine Behauptung grammatisch.**

Das Subjekt des Satzes **A** ist _____

„Dem 14-jährigen italienischen Jungen Davide Cece" ist folgendes Satzglied: _____

**b** **Gib an, wie die Satzglieder von Satz B heißen:**

Ein 14-jähriger Junge       rettete       einem Delfin       das Leben.

_____  _____  _____  _____

**3** **Unterstreiche in diesen Sätzen Subjekte <u>grün</u> und Prädikate <u>rot</u> und ergänze die nachfolgenden Sätze.**

Davide war vom Boot seines Vaters ins Meer gefallen. Da half ihm der Delfin „Filippo".

Nun ist klar, der Retter war _____ .

Gerettet wurde _____ .

> Davide war vom Boot seines Vaters ins Meer gefallen. Er konnte nicht schwimmen. Da half ihm der Delfin „Filippo". Davide klammerte sich am Rücken des Delfins fest. Das rettete den Jungen.

# Das Objekt als Satzerweiterung

Josh hat in der Bibliothek
in einem Buch über Delfine
gelesen und sich etwas notiert.
Als er Nick den Zettel zeigen will,
merkt er, dass dieser zerrissen ist.

**Die Sprache der Delfine**
Delfine besitzen
Sie nutzen
Die Klicksprache dient
Die Pfeifsprache hilft

**1** Warum versteht man die Sätze auf Joshs Notizzettel nicht?
Kreuze für jede Aussage an, ob sie zutrifft oder nicht.

| | trifft zu | trifft nicht zu |
|---|---|---|
| A In den Sätzen fehlt das Subjekt. | ☐ | ☐ |
| B In den Sätzen fehlt das Prädikat. | ☐ | ☐ |
| C In den Sätzen fehlen die Objekte. | ☐ | ☐ |

**2 a** Begründe deine Entscheidung für den ersten Satz.

*Delfine*                     *besitzen*                     Frage nach dem Satzglied, das hier fehlt:

Satzglied: _____     Satzglied: _____     *W*_____

**b** Der Satz heißt vollständig: „Delfine besitzen <u>zwei verschiedene Sprachen</u>.“

Mit welchem Fragewort fragst du nach dem fehlenden Satzglied? (s. S. 51) Notiere. _____

„zwei verschiedene Sprachen" ist demnach folgendes Satzglied: _____

**3 a** Trage in die zweite Spalte ein, wie man nach dem markierten Satzglied fragt.
**b** Trage in die dritte Spalte ein, um welches Satzglied es sich handelt.

| | Satzgliedfrage | Satzglied |
|---|---|---|
| Delfine besitzen zwei verschiedene Sprachen. | | |
| Sie nutzen die Klicksprache und die Pfeifsprache. | *Wen/Was nutzen sie?* | _____ |
| Die Klicksprache dient der Orientierung. | _____ | _____ |
| Die Pfeifsprache hilft den Delfinen bei der Verständigung. | _____ | _____ |

**c** Hast du genau gelesen? Wozu benötigen die Delfine ihre zwei Sprachen? Kreuze richtig an:

Wenn Delfine sich orientieren wollen, nutzen sie ☐ die Klicksprache.   ☐ die Pfeifsprache.

Wenn Delfine pfeifen, wollen sie vermutlich ☐ miteinander reden.   ☐ sich orientieren.

# Satzglieder bestimmen

**1**

**a** Setze die folgenden Satzglieder in die Lücken ein.
**b** Schreibe die Satzgliedfrage in die zweite Spalte und
das Satzglied in die dritte Spalte.
Ein Beispiel ist schon eingetragen.

| die Muttermilch des Menschen | das Waljunge | dem Walbaby |

| bis zu eine Tonne Plankton, Kleinfische und Krebse |

| zwischen 100 und 140 Tonnen | manche Weibchen |

| die Zunge des Blauwals | das Wasser |

| Text: Rekordhalter Blauwal | Frage nach dem Satzglied | Satzglied |
|---|---|---|
| Der Blauwal ist das größte und schwerste Tier aller Zeiten. Er wird | | |
| normalerweise um die 25 Meter lang. _Manche Weibchen_ | _Wer/Was erreicht_ | _Subjekt_ |
| erreichen sogar 33 Meter Länge. Der Blauwal ist auch das schwerste | _33 Meter Länge?_ | |
| Tier der Welt. Er bringt _____ auf | _Wen/Was bringt er ..._ | |
| die Waage. Rund fünf Tonnen wiegt allein _____ | | |
| _____ . Sie wiegt damit so viel wie 70 erwach- | | |
| sene Menschen. Natürlich ist das größte Tier der Welt auch ein | | |
| gewaltiger Fresser. Täglich verzehrt der Blauwal _____ | | |
| _____ . | | |
| Dazu siebt er _____ mit seinem Maul. Schon | | |
| die Muttermilch des Blauwals besteht zur Hälfte aus Fett. Zum | | |
| Vergleich: _____ enthält | | |
| nur 3,5 Prozent Fett. Die fette Milch hilft _____ | | |
| _____ beim Wachstum. Jeden Tag wächst | | |
| _____ um drei Zentimeter. Würde ein | | |
| Menschenbaby so schnell wachsen, wäre es nach einem halben | | |
| Jahr über fünf Meter groß. | | |

# Die Zeitformen (Tempora) des Verbs richtig nutzen

| Tempus (Zeitform) | Mit dem **Präsens** kann man ausdrücken: | Beispiele |
|---|---|---|
| **Präsens** | – was in der **Gegenwart** geschieht<br>– was immer gilt<br>– was in der Zukunft geschieht<br>(Präsens + Zeitangabe) | *Er liest gerade ein Buch.*<br>*Bücher zerreißt man nicht.*<br>*Morgen lese ich mein Buch zu Ende.* |

Wenn man von etwas **Vergangenem** erzählt, verwendet man meist das Perfekt oder das Präteritum.

| Tempus | Bildung | Beispiele |
|---|---|---|
| **Perfekt** | Personalform von <u>haben</u> oder <u>sein</u> + Partizip II | *Wir <u>sind</u> gestern zur Wiese <u>gegangen</u>.*<br>*Wir <u>haben</u> dort Fußball <u>gespielt</u>.* |
| **Präteritum** | **regelmäßige Verben**<br>(Stammvokal bleibt) | *ich sp**ie**le – ich sp**ie**lte*<br>*Ich <u>spielte</u> gern Schach mit meinem Opa.* |
|  | **unregelmäßige Verben**<br>(Stammvokal verändert sich) | *ich l**au**fe – ich l**ie**f:*<br>*Ich <u>lief</u> meinen ersten 1000-Meter-Lauf mit zehn Jahren.* |

---

**1** Lies die folgenden sieben Sätze aus dem Buch „Nanuk. Im Zeichen des Bären" (Auszüge auf S. 14, 16). Diese Sätze sind durcheinandergeraten. Ordne den Nummern die Buchstaben der Sätze so zu, dass sich für den Text eine sinnvolle <u>Reihenfolge ergibt.</u>

| Meine Reihenfolge: | 1. _____ | 2. _____ | 3. _____ | 4. _____ | 5. _____ | 6. _____ | 7. _____ |

E „Tim, beeil dich doch ein bisschen! Großvater ist am Apparat!", ruft Mama.

F Schließlich fanden Polizisten mit Hilfe seiner Papiere und mit viel Geduld Mamas Namen und Adresse heraus.

C Die Polizei begleitete ihn vier Stunden später zu uns nach Hause.

G Beim letzten Mal landete das Flugzeug, mit dem Großvater kam, zu früh.

A [Weil er niemanden sah, der ihn abholte,] klammerte er sich wie ein kleines Kind an das Flughafenpersonal.

D Ich halte die Luft an. Großvater kommt zu Besuch.

B Mama drückt mir wortlos den Hörer in die Hand. Fast lasse ich ihn fallen.

**2** Prüfe für jeden der Sätze von Aufgabe 1, welche Art von Inhalt wiedergegeben wird.

**a** Die erzählte Gegenwart geben diese Sätze im Präsens wieder: E, B, D.

**b** Welche Sätze erzählen etwas, an das sich Tim erinnert? Notiere die Buchstaben. _____

**c** Woran merkt man, dass Tim von Vergangenem berichtet? Nutze für deine Erklärung die Fachwörter.

Dass Tim von Vergangenem berichtet, merkt man daran, dass _____

_____

# Von etwas erzählen – Perfekt und Präteritum verwenden

Tim reist mit seinem Großvater in dessen Heimat im kalten Norden.
Sie landen in Yellowknife und fliegen von dort mit einem kleinen
Flugzeug, einem Twin Otter, weiter in die Nähe des Dorfes, in dem
der Großvater mit Irene Navarana zusammenlebt. Sie holt gemeinsam
mit ihrer Tochter Sonja den Großvater und Tim am Flugzeug ab.
Der Pilot Fred fliegt wieder zurück. Tim, sein Großvater und
die beiden Frauen nehmen die Schlitten.

**1** Später erzählt Tim von der Ankunft.

**a** Markiere im folgenden Textauszug alle Verben.

Fred [...] steigt wieder in seinen Twin Otter, dreht das Flugzeug in Richtung Eis und startet. Er kreist zweimal

über der Niederlassung und die herbeigeströmten Menschen winken ihm ausgiebig nach. Ich setze mich auf den

bequemen Schlitten zwischen Sonjas Pelze. Natürlich steigt Großvater zu Irene Navarana. Natürlich. Wir fahren

Richtung Dorf und mein Schlitten schaukelt wie eine Nussschale an einem Seil über die Schneebänke. Ich kralle

mich mit aller Kraft am Rand fest. Ich bin neugierig, welches Haus Großvater gehört. Sonja hält bei einem

himmelblau gestrichenen Häuschen.

**b** Schreibe den Text um und verwende durchgängig das Perfekt.

*Fred ist gleich wieder in seinen Twin Otter gestiegen, hat*

> Das **Perfekt** wird
> in der Regel zum
> **mündlichen Erzählen**
> verwendet.
> **Schriftlich** erzählt man
> meist im **Präteritum**.

**c** Schreibe den Text im Präteritum auf.

*Fred stieg gleich wieder in seinen Twin Otter, drehte*

# Autoren- und Quellenverzeichnis

**S. 5, 11:** Landa, Norbert: Lebensräume und Wanderungen der Wale. Aus: Wale und Delphine. Loewe Verlag, Bindlach 1992, S. 46 ff. **S. 13:** Verrückte Viecher: Wale mit Sonnenbrand. Aus KinderZEIT, 27.01.2011, http://blog.zeit.de/kinderzeit/2011/01/27/verruckte-viecher-wale-mit-sonnenbrand_8377#more-8377 [geprüft 19.12.2011]. **S. 14, 16, 54, 55:** Vandewijer, Ina: Nanuk. Im Zeichen des Bären. Übersetzung von Verena Kiefer. dtv, München 2005, S. 19, 28 ff. **S. 41:** Güll, Friedrich: Dreiunddreißig Rätsel. Aus: Kinderheimath in Liedern und Bildern. Insel Verlag, Frankfurt/M. 1986.

# Bildquellenverzeichnis

**S. 5, 13:** © Jan-Dirk – Fotolia.com. **S. 8:** picture-alliance/WILDLIFE. **S. 14:** Ina Vandewijer, Nanuk – Im Zeichen des Bären. Aus dem Flämischen von Verena Kiefer. © 2002 Nagel & Kimche im Carl Hanser Verlag München. **S. 20:** © Kaarsten – Fotolia.com. **S. 21:** © fotogestoeber – Fotolia.com. **S. 22:** © Eric Isselée – Fotolia.com. **S. 24:** © Ervin Monn – Fotolia.com. **S. 28:** picture-alliance/akg-images. **S. 51:** picture-alliance/dpa

# Impressum

Redaktion: lüra – Klemt & Mues GbR, Wuppertal

Illustrationen: Uta Bettzieche, Leipzig, Illustration Klebebogen: Jutta Melsheimer, Berlin

Umschlaggestaltung und Layoutkonzept: werkstatt für Gebrauchsgrafik, Berlin

Technische Umsetzung: Anna-Maria Klages, Wuppertal

www.cornelsen.de

Alle Drucke dieser Auflage sind inhaltlich unverändert
und können im Unterricht nebeneinander verwendet werden.

1. Auflage, 9. Druck 2024

© 2012 Cornelsen Verlag, Berlin
© 2017 Cornelsen Verlag GmbH, Berlin

Druck: H. Heenemann, Berlin

ISBN: 978-3-06-062838-4